# Mein Leben

## oder die Abenteuer von Geo. Thompson; Die Autobiografie eines Autors.

George Thompson

Writat

Diese Ausgabe erschien im Jahr 2024

ISBN: 9789359942285

Herausgegeben von
Writat
E-Mail: info@writat.com

Nach unseren Informationen ist dieses Buch gemeinfrei.
Dieses Buch ist eine Reproduktion eines wichtigen historischen Werkes. Alpha
Editions verwendet die beste Technologie, um historische Werke in der gleichen
Weise zu reproduzieren, wie sie erstmals veröffentlicht wurden, um ihre
ursprüngliche Natur zu bewahren. Alle sichtbaren Markierungen oder Zahlen
wurden absichtlich belassen, um ihre wahre Form zu bewahren.

# Inhalt

# EINFÜHRUNG

### *In dem der Autor seine Position definiert .*

Da es unter hervorragenden Romanautoren mittlerweile Mode geworden ist, ihr eigenes Leben niederzuschreiben – oder, mit anderen Worten, sich selbst in den Vordergrund zu rücken –, sieht sich der Autor dieser Seiten auf Drängen zahlreicher, von ausgeprägter Neugier getriebener Freunde dazu bewogen, seine Autobiografie der Öffentlichkeit vorzustellen. Damit folgt er lediglich dem Beispiel des brillanten französischen Romanautors Alexandre Dumas und des weltberühmten Charles Dickens, die beide, wie es heißt, ihre persönlichen Geschichten für den Druck vorbereiten.

Wenn ich mich nun mit den oben genannten großen Würdenträgern vergleiche, die in der Welt der Literatur zu Recht so große Anerkennung finden, werde ich der unverzeihlichen Anmaßung und des lächerlichen Egoismus bezichtigt – aber es ist mir egal, was über mich gesagt wird, da eine völlige Unabhängigkeit von den Meinungen, Gefühlen und Vorurteilen der Welt immer ein herausragendes Merkmal von mir war – und der Teil der Welt und des „Rests der Menschheit", der mich nicht mag, hat meine volle Erlaubnis, zum Teufel zu gehen, sobald er alle notwendigen Vorbereitungen für die Reise getroffen hat.

Ich werde auf diesen Seiten ehrlich und aufrichtig sein. Ich werde nicht versuchen, einen meiner zahlreichen Fehler zu verbergen, die ich eingestehe und bedaure; und wenn ich glaube, dass ich einen einzigen Verdienst besitze, werde ich nicht zögern, diesen Verdienst bekannt zu machen. Diejenigen, die mich persönlich kennen, werden mich niemals beschuldigen, auch nur ein einziges Atom dieser verachtenswerten Eigenschaft, der Selbstgefälligkeit, zu besitzen; diejenigen, die mich nicht kennen, können denken, was sie wollen. – Der Himmel weiß, dass ich in diesem Moment in Bezug auf Ruhm und Reichtum weitaus besser dran wäre, wenn ich eine höhere Selbsteinschätzung, ein vollständigeres Vertrauen in meine eigenen Kräfte und etwas von dieser universellen Eigenschaft, die als „Freche" bekannt ist, besäße. Aber ich war unauffällig, anspruchslos und zurückhaltend – und meine Freunde haben mir das tausendmal vorgeworfen. Ich habe Schriftsteller ohne das geringste Talent gesehen – kleine Schreiberlinge, Tintenverschwender und Papierverderber, die nicht einmal sechs Zeilen englische Grammatik am Stück schreiben konnten und deren kurze Absätze für die Zeitungen regelmäßig überarbeitet und korrigiert werden mussten. Ich habe solche Kerle gesehen, die dafür sorgten, dass man sie zu öffentlichen Banketten und anderen Festen einlud, und die sich so ihre unwillkommene Anwesenheit in der Gesellschaft der angesehensten Männer ihrer Zeit aufzwangen.

Ich habe über meine Freunde gesprochen – jetzt noch ein paar Worte zu meinen Feinden. Wie die meisten Menschen, die in irgendeiner Funktion in der Öffentlichkeit aufgetreten sind, habe ich mir den Hass vieler Menschen zugezogen, die eifersüchtig auf meinen bescheidenen Ruhm sind und keine Gelegenheit ausgelassen haben, ihre Bosheit auszuspucken und sich meinem Fortschritt entgegenzustellen. Die Freundschaft mit solchen Menschen ist ein Unglück – ihre Feindschaft ist ein Segen.

Ich versichere ihnen, dass ich durch ihren Hass weder meinen Appetit noch meine nächtliche Ruhe verlieren werde. Sie können sich glücklich schätzen, wenn sie auf den folgenden Seiten nicht durch meine Aufmerksamkeit verewigt werden, obwohl sie einer so großen Auszeichnung sicherlich nicht würdig sind. Ich genieße die Freundschaft von Literaten und lasse mich daher nicht durch den Widerstand einer Horde sinnloser Dummköpfe ohne Hirn, Herz oder Seele entmutigen.

Ich werde es zweifellos für notwendig erachten, auf örtliche Orte, Personen, Ereignisse usw. anzuspielen. Diese werden das Interesse an der Erzählung erheblich steigern. Viele Porträts werden leicht wiederzuerkennen sein, insbesondere diejenigen, deren Originale in Boston leben, wo ich den größten Teil meiner literarischen Karriere verbracht habe.

*Das Leben eines Autors* muss zwangsläufig von besonderem und fesselndem Interesse sein, denn er lebt in einer Welt, die er selbst geschaffen hat, und seine Vorlieben, Gewohnheiten und Gefühle unterscheiden sich von denen anderer Menschen. Wie wenig wird er verstanden – wie unvollkommen wird er von einer kalten, gefühllosen Welt gewürdigt! Seine Exzentrizitäten werden verspottet – seine Exzesse werden von gedankenlosen Menschen verurteilt, die nicht begreifen können, dass ein Autor, dessen Geist müde ist, sich natürlich nach körperlicher Erregung durch andere sehnt und zu oft nach einer vorübergehenden geistigen Erlösung im berauschenden Kelch sucht. Unter allen Umständen verdient der Autor sicherlich ein gewisses Maß an wohltätiger Rücksichtnahme, denn er arbeitet hart für die öffentliche Unterhaltung und schöpft stark aus den Schätzen seiner Vorstellungskraft, um den ständigen Anforderungen der Leserschaft gerecht zu werden. Wenn der Autor ein Leben voller aufregender Abenteuer geführt hat, wird seine Geschichte von außergewöhnlichem und spannendem Interesse. Ich schmeichle mir, dass der Leser diese Erzählung als lesenswert erachten wird.

Und nun ein paar Worte zu meiner persönlichen Identität. Viele haben mich in ihrer Verrücktheit für George Thompson gehalten, den berühmten englischen Abolitionisten und Abgeordneten des britischen Parlaments, aber das kann nicht der Fall sein, da dieser Mann in sein Heimatland zurückgekehrt ist. Andere wiederum haben mich für George Thompson, den Boxer, gehalten; aber die weitaus meisten Darsteller dieser interessanten „Komödie der Irrungen" haben mich für keine geringere Persönlichkeit gehalten als den berühmten „ *einäugigen Thompson* ", und sie blieben lange Zeit bei diesem Glauben, selbst nachdem dieser talentierte, aber höchst unglückliche Mann in New York Selbstmord begangen hatte und obwohl er William H. und nicht George hieß. Zwei Umstände schienen diesen Glauben jedoch vor dem Tod des Mannes zu rechtfertigen: Er hatte wie ich das große Unglück, eines Auges beraubt zu werden. Wie mir das Unglück widerfuhr , werde ich an der entsprechenden Stelle erzählen. Ich habe viele Romane geschrieben, aber ich habe Abenteuer erlebt, die genauso außergewöhnlich waren wie alle, die ich mir ausgedacht habe.

Um meinen Anspruch auf den Titel „Autor" zu begründen, werde ich einige der Werke aufzählen, die ich geschrieben habe:

Gay Girls of New York, Dissipation, Die Haushälterin, Venus in Boston, Jack Harold, Criminal, Outlaw, Road to Ruin, Brazen Star, Kate Castleton, Redcliff, The Libertine, Stadtverbrechen, Der schwule Betrüger, Zwillingsbrüder, Der Dämon aus Gold, Dashington , Lady's Garter, Harry Glindon , Catharine und Clara.

Zusätzlich zu diesen Werken, die sich alle schnell verkauften und eine weite Verbreitung fanden, habe ich eine ausreichende Menge an Erzählungen, Skizzen, Gedichten, Essays und anderen literarischen Werken aller Art geschrieben, um ein halbes Dutzend Wagenladungen zu füllen. Meine Feder muss jedoch meinen Abenteuern und nicht meinen Werken gewidmet sein, und ich bitte den Leser um Verzeihung für diese etwas lange, aber sehr notwendige Einleitung und beginne nun mit meiner Aufgabe.

---

# KAPITEL I

### *In dem ich beginne, mir Wissen über die Welt anzueignen .*

Ich war immer der Meinung und bin auch heute noch der Meinung, dass es kaum eine Rolle spielt, wo oder wann ein Mensch geboren wird. Es genügt ihm zu wissen, dass er *hier ist* , und dass er sich so weit wie möglich den ihn umgebenden Umständen anpasst, vorausgesetzt, dass er bequem und in Anerkennung seiner selbst und der Anerkennung anderer durch die Welt watscheln möchte. Um jedoch allen Leserklassen zu gefallen, möchte ich dennoch erwähnen, dass vor etwa dreißig Jahren ein junger Fremder in der Stadt New York ins Leben kämpfte. Ich möchte nur andeuten, dass der 28. August im Jahre des Herrn 1823 in den nächsten (komischen) Almanach als Geburtstag eines großen Mannes aufgenommen werden sollte. Denn wenn ein Mensch ein Körpergewicht von 200 Pfund und mehr erreicht, kann man ihn dann nicht als *groß bezeichnen* ?

Meine Eltern waren zweifellos anständige Leute, aber sie starben beide rücksichtslos in einer sehr frühen Phase meines Lebens und hinterließen mir ein paar hundert Dollar und einen dickköpfigen Onkel, der eine unangenehme Tante hatte, die eine lange Nase und ein zänkisches Temperament besaß. Die Nase war an den Konsum von Schnupftabak gewöhnt und das Temperament war wirksam bei der Zerstörung meines Glücks und meines Seelenfriedens. Das ehrenwerte Paar sah mit prophetischem Blick, dass ich in den kommenden Jahren dazu bestimmt war, eine Art Feinschmecker zu werden, wenn *nicht* Vorsorge getroffen wurde, um solch ein trauriges Schicksal zu verhindern. Aus den besten Motiven heraus und um mir den Luxus der Abstinenz beizubringen, begannen sie daher, mich langsam, aber sicher auszuhungern. Gute Leute, wie ich ihr Andenken verehre!

Eines Nachts brach ich in einen Wandschrank ein und stahl auf verbrecherische Weise ein Stück Brot und Fleisch, das ich im Keller verzehrte.

„Oh, meine prophetische Seele – *mein Onkel* !" Dieser ausgezeichnete Mann erwischte mich beim Fressen des Futters, und – mir tun in diesem Augenblick die Knochen weh, wenn ich an die Tracht Prügel denke, die ich bekam! Ich vergaß zu erwähnen, dass ich einen ziemlich unbedeutenden Bruder hatte, der vier Jahre älter war als ich, der der Lehrling meines Onkels wurde und sich diesem Herrn bei seinen Verfolgungen gegen mich anschloss. Meine lieben Verwandten waren in ihrer Unwissenheit ziemlich glückselige Menschen, und sie hassten mich, weil sie glaubten, ich halte mich für ihnen überlegen – eine Überzeugung, die auf der Tatsache beruhte, dass ich ihre

Gesellschaft mied und den größten Teil meiner Zeit mit Lesen und Schreiben verbrachte.

Ich wohnte damals in der Thomas Street , ganz in der Nähe des berühmten Bordells von Rosina Townsend, in deren Haus jener schreckliche Mord begangen wurde, an den sich die New Yorker Öffentlichkeit noch heute mit Entsetzen erinnert. Ich beziehe mich auf den Mord an der berühmten Kurtisane Ellen Jewett. Ihr Liebhaber, Richard P. Robinson, wurde dank der Beredsamkeit seines begabten Anwalts, Ogden Hoffman, Esq., vor Gericht gestellt und vom Mordvorwurf freigesprochen. Die Fakten des Falles sind kurz folgende: Robinson war Angestellter in einem Großhandelsgeschäft und der Liebhaber von Ellen, die sehr an ihm hing. Oft habe ich die beiden zusammen spazieren sehen, beide topmodisch gekleidet, die schöne Ellen an den Arm des schneidigen Dick gelehnt, während ihre elegante Erscheinung allgemeine Aufmerksamkeit und Bewunderung auf sich zog. Aber all dies fand bald ein blutiges Ende. Dick war mit einer jungen Dame von höchstem Ansehen verlobt, der Erbin eines Reichtums und von überragender Schönheit. Er teilte Ellen mit, dass seine Verbindung mit ihr aufgrund seiner Ehevereinbarungen beendet werden müsse, woraufhin Ellen drohte, ihn seiner „Verlobten" auszusetzen, wenn er sie verlasse. In Verlegenheit über die kritische Natur seiner Lage beschloss Dick in einer bösen Stunde, die Kurtisane zu töten , die drohte, sein erwartetes Glück zu zerstören. Eines Samstagabends besuchte er sie wie üblich; und nach einem herrlichen Abendessen kehrten sie in ihr Zimmer zurück. Bei dieser Gelegenheit, wie später im Prozess bewiesen wurde, trug Dick einen weiten Mantel, und mehrere Personen bemerkten, dass er etwas darunter zu verbergen schien. Sein Verhalten gegenüber Ellen und auch seine Worte waren an diesem Abend ungewöhnlich zärtlich und liebevoll. Was in diesem Zimmer vor sich ging und wer diesen Mord begangen hat, weiß der Allmächtige – *und vielleicht weiß es auch Dick Robinson, wenn er noch lebt*! [A] Am nächsten Morgen (Sonntag) sah man zu sehr früher Stunde Rauch aus Ellens Zimmer aufsteigen, und man stellte fest, dass die Vorhänge ihres Bettes in Brand gesteckt worden waren. Die Flammen konnten nur mit Mühe gelöscht werden, und in dem halb verbrannten Bett fand man die verstümmelte Leiche von Ellen Jewett. An der Seite ihres Kopfes hatte sie eine schreckliche Wunde, die offensichtlich von einem Beil verursacht worden war. Dick Robinson war nirgends zu finden, aber im Garten, in der Nähe eines Zauns, wurden sein Mantel und ein blutiges Beil entdeckt. Mit vielen anderen betrat ich das Zimmer, in dem Ellens Leiche lag, und nie werde ich den grauenhaften Anblick vergessen, der sich mir bot! Dort, auf diesem vom Feuer verwüsteten Sündenbett, lagen geschwärzte, halb verbrannte Überreste einer einst schönen Frau, deren Kopf die schreckliche Wunde zeigte, die ihren Tod verursacht hatte. Es war eindeutig die Absicht des Mörders gewesen, das Haus niederzubrennen, um die grauenhaften Beweise seines Verbrechens zu vernichten; aber das Schicksal wollte, dass das Feuer entdeckt und gelöscht werden musste, bevor die *tödliche Wunde* verwischt werden konnte. Robinson wurde, wie ich bereits sagte, vor Gericht gestellt und für unschuldig befunden, dank des Einfallsreichtums seines Anwalts, der ihn einen „ *unschuldigen Jungen* " nannte. Die Öffentlichkeit glaubte jedoch fest an seine Schuld, und es stellt sich die Frage: „Wenn Dick Robinson Ellen Jewett nicht getötet hat, *wer dann* ?" Ich glaube nicht, dass jemals zuvor ein so beschämendes Beispiel pervertierter Justiz oder eine so eindrucksvolle Illustration der „herrlichen Unsicherheit des Gesetzes" präsentiert wurde. Es ist ziemlich merkwürdig, dass Furlong, ein Lebensmittelhändler, der ein *Alibi* zugunsten Robinsons schwor und der Hauptakteur war, der den Freispruch dieses jungen Mannes erwirkte, einige Zeit später Selbstmord durch Ertrinken beging, nachdem er zuvor erklärt hatte, dass sein Gewissen ihm Vorwürfe wegen der Rolle machte, die er bei dem Prozess gespielt hatte!

Der Sabbat, an dem dieser Mord ans Licht kam, war ein dunkler, stürmischer Tag, und ich habe Grund, mich gut daran zu erinnern, denn am Nachmittag entdeckte dieser gute alte Pilger – mein Onkel natürlich –, dass ich am Morgen die Sonntagsschule geschwänzt hatte, und für dieses grausame Verbrechen beschloss er in seinem heiligen Eifer für mein geistiges und weltliches Wohlergehen, mir eine heilsame und schwere Tracht Prügel zu verpassen. Bei diesem lobenswerten Entschluss unterstützten mich meine religiöse Tante und mein scheinheiliger Bruder, der mich an den *Pranger gestellt hatte* . Liebe Verwandte? Wie gern denke ich an sie – und ich versäume nie, in meinen Gebeten an sie zu denken. Nun, ich wurde in die Dachkammer geschleppt, die der Schauplatz meiner Bestrafung sein sollte. Wenn ich mich recht erinnere, war ich damals etwa zwölf Jahre alt und in Anbetracht meines Alters ein ziemlich kräftiger Jüngling. Ich beschloss, mich gegen die Autorität meiner geliebten Verwandten aufzulehnen, meine Unabhängigkeit zu behaupten und mich nach besten Kräften zu verteidigen. „Ich habe genug gelitten", sagte ich zu mir selbst, „und jetzt gehe ich *hinein* ."

„Sabbatbrecher, zieh deine Jacke aus", bemerkte der liebe Onkel sanft und wedelte wild mit einem Kuhfell von höchst furchterregendem Aussehen und alarmierender Geschmeidigkeit herum.

Meine Antwort war kurz, aber aussagekräftig:

„Wir sehen uns erst, verdammt", sagte ich.

Mein Onkel wurde blass, meine Tante schrie und mein Bruder verdrehte das Weiß seiner Augen und stöhnte.

"Was, was hast du gesagt?", fragte mein Onkel, der seinen eigenen Sinnen nicht trauen konnte, denn bis zu diesem Moment hatte ich mich immer brav der liebenswürdigen Behandlung durch den guten Mann unterworfen, und er konnte sich nicht vorstellen, dass ich ihm widerstehen konnte. Nun, wenn es je einen Engel auf Erden *gab* , dann war mein Onkel dieser besondere Engel. Heilige haben im Allgemeinen gekniffene Nasen, grüne Augen und Stimmen, die an das Wehklagen eines kleinen Schweins erinnern, das unter einem Wagenrad die Todesqualen erleidet. Und wenn es je einen Cherub gab, dann *war mein Bruder* sicherlich dieser Cherub, obwohl meine frommen Erinnerungen mir in Wahrheit nicht die Aussage liefern, dass Cherubs für geschwollene Köpfe und krumme Beine bekannt sind.

„Ich sage", war meine Antwort auf die erstaunte Frage meines Onkels, „dass ich keine weiteren Beschimpfungen und Schläge mehr dulden werde. Ich habe lange genug die schlechte Behandlung von euch allen ertragen. Ich bin fast verhungert und werde wie ein Hund herumgetreten. Lasst mich einer von euch drei Tyrannen anfassen, und ich werde euch zeigen, was es heißt, verzweifelt zu sein. Ich verleugne euch alle als Verwandte und werde von nun an leben, wo es mir gefällt, und tun, was es mir gefällt."

Rasend vor Wut hob mein gutmütiger Onkel das Kuhfell und schlug mir damit ins Gesicht. Ich prallte sofort gegen den Teil seines Körpers, in dem er seine Sabbatbohnen zu verstauen pflegte, und der hervorragende Mann fiel kopfüber die Dachbodentreppe hinunter, landete sicher unten und konnte nicht mehr aufstehen, aus dem einfachen Grund, dass er sich das Bein gebrochen hatte. Wie schade wäre es gewesen und was für ein Verlust für die Gesellschaft gewesen, wenn sich der heilige Mann statt des Beins das *Genick gebrochen hätte* !

Mein lieber Bruder, begleitet von meiner liebevollen Tante, würgte mich jetzt, aber ich war gerade nicht zu besiegen, denn „dreifach gewappnet ist der, der seinen Streit gerecht führt". Die Dame landete ich in einer Wanne mit unreinem Wasser, die zufällig in der Nähe stand; und sie bot einen recht interessanten Anblick, wie sie ihre Fersen hochwarf und wie eine Katze in Schwierigkeiten kreischte. Meinen anderen Angreifer schleuderte ich in einen Aschehaufen, und die Art, wie er heulte, war eine Warnung an einen Walfänger aus Nantucket . Ich eilte die Treppe hinunter und lief über den ausgestreckten Körper meines verkrüppelten Onkels hinweg, der mich bat, zurückzukommen, damit er mich mit seinem brauchbaren Fuß treten könne; aber, tierisch wie ich war, ignorierte ich ihn – bat ihn, an einen Ort zu gehen, der namenlos bleiben soll – und verließ dann das Haus so schnell wie möglich, fest entschlossen, nie wieder zurückzukehren, was auch immer die Konsequenzen sein mögen.

„Ich bin jetzt alt genug und groß genug", dachte ich im Geiste, „um für mich selbst zu sorgen. Und morgen werde ich mir Arbeit suchen und versuchen, eine Chance zu bekommen, einen Beruf zu erlernen. Wo werde ich heute

Nacht schlafen? Es ist leicht genug, diese Frage zu stellen, aber verdammt schwer, sie zu beantworten. Ich wünschte, heute wäre nicht Sonntag!"

Ein ziemlich gottloser Wunsch, aber unter den gegebenen Umständen ganz natürlich. Ich durchsuchte meine Taschen, um zu sehen, ob ich Kleingeld besaß. Meine Suche war überaus erfolgreich, denn ich entdeckte, dass ich einen Sixpence hatte!

Ja, lieber Leser, ein neuer Silbersixpence , der in meiner Hand wie ein heller Stern der Hoffnung glitzerte und mich zu Unternehmungen – zu Anstrengungen – antrieb. Ich hatte solche Angst, die kostbare Münze zu verlieren, dass ich sie weiterhin fest in der Hand hielt. Ich hatte noch nie Taschengeld bekommen, nicht einmal am 4. Juli; und diese große Summe war durch die Großzügigkeit eines Nachbarn in meinen Besitz gekommen, als Belohnung für die Erledigung eines Botengangs.

Da ich nicht wusste, wohin ich sonst gehen sollte, ging ich zur Battery hinunter und suchte unter einem Baum Schutz vor dem Regen, der in Strömen fiel. Eine ziemlich interessante Situation für einen zwölfjährigen Jugendlichen – obdachlos, ohne Freunde, fast ohne Geld! Ich war bis auf die Haut nass, und als die Nacht hereinbrach, bekam ich schrecklichen Hunger, denn ich hatte an diesem Tag noch kein Abendessen gegessen, und sogar mein Frühstück war von der Art eines *Phantoms* – so ähnlich wie die Pappmahlzeiten, die auf der Bühne des Theaters ausgestellt werden. Ich verzweifelte jedoch nicht, denn ich war jung und aktiv, voller Hoffnung, die einem Jugendlichen so natürlich ist, bevor der raue Kontakt mit der Welt seinen Geist gebrochen hat. Ich war mir der Tatsache bewusst, dass ich kein Dummkopf war, obwohl meine feindseligen und geringschätzigen Verwandten, deren Meinungen ich immer in höchstem Maße verachtet hatte, mich oft als einen solchen bezeichnet hatten. Als ich unter diesem Baum stand, um mich vor dem Regen zu schützen, fühlte ich mich ganz glücklich, denn in mir war ein Gefühl der Unabhängigkeit aufgekommen. Ich war jetzt mein eigener Herr, und das Bewusstsein, dass ich mich ganz auf mich selbst verlassen musste, war für mich eine Quelle der Befriedigung und des Stolzes. Ich hatte nicht den geringsten Zweifel, dass ich mir auf die eine oder andere Weise meinen Weg durch die Welt bahnen könnte.

Endlich brach die Nacht herein, schwarz wie die Stirn eines Kongo-Niggers und sternenlos wie eine Truppe reisender Schauspieler. Ich konnte nicht die ganze Nacht unter dem Baum bleiben, das war sicher; und so verließ ich ihn, obwohl ich kaum meine Hand vor mir sehen konnte. Diese Hand hielt übrigens immer noch hartnäckig den unschätzbar wertvollen Sixpence fest. Ich tastete mich aus der Batterie heraus und betrat, von einem Licht geleitet, die Bar eines anständigen Hotels, wo sich eine große Anzahl gut gekleideter Herren versammelt hatte, die Schutz vor dem Sturm suchten und gleichzeitig ihren geselligen Neigungen nachgingen. Es herrschte viel Lärm und Verwirrung; und zwei Herren, die, wie ich später erfuhr, Offiziere eines spanischen Schiffes waren, das damals im Hafen lag, gerieten in einen Streit und in eine Schlägerei, bei der einer von ihnen den anderen mit einem Dolchmesser erstach und ihm eine tödliche Wunde zufügte.

Es wurden Beamte gerufen, der Mörder und sein Opfer wurden weggebracht und es herrschte relative Ruhe. Ich saß in einer dunklen Ecke der Bar und überlegte, wie ich die Nacht überstehen sollte, als ich kurzerhand von einem Jungen in meinem Alter angesprochen wurde. Er war ein verwegen aussehender junger Mann, der außerdem recht gut aussah, topmodisch gekleidet war und mit großer Energie und offensichtlichem Vergnügen eine Zigarre rauchte. Wie sich später herausstellen wird, habe ich Grund, mich bis zum letzten Tag meines Lebens an diesen Menschen zu erinnern. Wäre ich ihm doch nie begegnet!

Dieser junge Mann klopfte mir vertraulich auf die Schulter und sagte:

„Hallo, Kumpel! Du bist ja so nass wie eine begossene Ratte! Komm und nimm einen Brandy-Cocktail – der wird dich aufwärmen!"

Ich hatte in meinem Leben noch nie einen Tropfen Alkohol getrunken und hatte nicht die geringste Ahnung, was ein Brandy-Cocktail war, also erzählte ich es meinem neuen Freund, der maßlos lachte und ausrief:

„Wie schön grün Sie doch sind, das ist klar; Sie sind ja ein richtiger *Grünschnabel*, und ich werde Sie von nun an so nennen. Haben Sie Zinn?"

Ich wusste, dass er Geld meinte, und so sagte ich ihm, dass ich nur sechs Pence auf der Welt hätte.

„Pah!", rief mein Freund, während er seine Zigarre aus dem Mund zog und auf höchst vornehme Weise sabberte, „wer bist du, was bist du und was machst du hier? Komm, erzähl mir alles über dich, und vielleicht kann ich dir einen Gefallen tun."

Seine offene, beiläufige Art gewann mein Vertrauen. Ich erzählte ihm ohne jede Zurückhaltung meine ganze Geschichte, und er lachte lauthals, als ich ihm erzählte, wie ich meinen tyrannischen Onkel die Treppe hinuntergestoßen hatte.

„Das geschieht dem alten Kerl recht", sagte er anerkennend. „Sie sind ein temperamentvoller Kerl und ich mag Sie. Kommen Sie auf einen Drink und wir können hinterher darüber sprechen, was am besten zu tun ist."

Ich hatte etwas gegen das Trinken, weil ich eine starke Abneigung gegen alkoholische Getränke entwickelt hatte, da ich oft Zeuge der beklagenswerten Auswirkungen war, die Männer – und auch Frauen – ihrer

Vernunft beraubten und sie in den Zustand von wilden Tieren versetzten. Als ich also die Einladung meines Freundes ablehnte, erklärte ich ihm meine Gründe dafür, woraufhin er lauter denn je lachte und bemerkte:

„Na, *Greenhorn* , Sie wären ein ausgezeichneter Dozent für Mäßigkeit. Aber vielleicht glauben Sie, ich hätte kein Geld, um den Rum zu bezahlen. Hören Sie mal – was halten Sie davon ? "

Er zeigte ein großes Bündel Banknoten und schwenkte sie triumphierend. Ich hatte noch nie zuvor so viel Geld gesehen, außer in den Schaufenstern der Makler, und mein Freund war in meinem Kopf sofort als *Millionär* mit unerschöpflichem Reichtum etabliert. Ich empfand plötzlich tiefsten Respekt für ihn und hätte ihn um nichts in der Welt beleidigt. Wie konnte ich es ablehnen, mit einem jungen Herrn von solchem Reichtum und (als notwendige Folge) solchem Ansehen zu trinken? Außerdem war ich plötzlich ganz neugierig, etwas Alkohol zu trinken, nur um zu sehen, wie er schmeckte. Schließlich waren es nur sehr niedere Leute, die sich betranken und im Dreck wälzten. *Herren* (dachte ich) werden nie betrunken, und sie wirken immer so glücklich und heiter, nachdem sie getrunken haben! Wie sie sich die Hand schütteln, ewige Freundschaft schwören und großzügig bereitwillig scheinen, alles zu verleihen oder herzugeben, was sie auf der Welt haben! Das dachte ich, als ich mich entschloss, die Einladung meines Freundes anzunehmen. Es ist merkwürdig, dass ich den Mord, der gerade in der Kneipe stattgefunden hatte und der unmittelbar auf Maßlosigkeit zurückzuführen war, völlig vergessen hatte.

"Tatsache ist, mein lieber *Greenhorn* ", sagte mein Freund nachdrücklich und wedelte mit der Hand wie ein alter, erfahrener und beredter Redner, "Tatsache ist, dass der *Genuss* von Alkohol und sein *Missbrauch* zwei völlig verschiedene Dinge sind. Ein Mann (hier richtete er sich auf) kann wie ein Gentleman trinken oder wie ein Faulenzer oder ein Tier saufen. Jetzt bevorzuge *ich* den Gentleman-Teil des Arguments, und deshalb werden wir nach oben gehen und einen Gentleman-Trunk nehmen. Ich werde mich freuen, junger Mann, Sie in die göttlichen Freuden und Geheimnisse des Bacchus einzuweihen – ähm!"

Ich betrachtete meinen Freund mit zunehmendem Erstaunen, denn er zeigte eine Selbstsicherheit, eine Selbstbeherrschung, eine elegante *Lässigkeit* , die weit über sein Alter hinausgingen, denn er war erst etwa zwölf Jahre alt – genau in meinem Alter. Und dann, was für eine Sprache er benutzte – so kultiviert, glühend und weltkundig! Ich sehnte mich danach, wie er zu sein – ihm in seinen vielen Vollkommenheiten gleich zu sein – so viel Geld zu besitzen wie er und ein ebenso gutes „ *Geschirr* " zu tragen. Ich vergaß zu erwähnen, dass er eine prächtige goldene Uhr trug und mehrere glitzernde

Ringe seine Finger schmückten. „Wer kann er sein?" war die Frage, die ich mir stellte; und natürlich konnte ich keine Antwort finden.

„Felix", sagte mein Freund und wandte sich in herablassender Art an den Barkeeper, als wir uns der Bar näherten, „Felix, mein guter Freund, mixen Sie uns doch einfach ein paar Brandy-Cocktails, und zwar *stark*, hören Sie, denn die Nacht ist nass, und ich und mein grüner Freund hier sind im Begriff, auf der Suche nach Vergnügen auf Reisen zu gehen, so wie der Kalif und sein Wesir einst durch die Straßen von Bagdad zogen. Kommen Sie, beeilen Sie sich!"

Der Barkeeper grinste, mischte den Schnaps und reichte uns die Gläser. Mein Freund stieß sein Glas gegen meines und bemerkte „das ist Glück", eine Zeremonie und eine Bemerkung, die mich damals beide etwas überraschten, obwohl ich seit langem gründlich mit dem vertraut bin, was damals ein Geheimnis war. Viele meiner Leser – ja, ich würde sagen, der Großteil von ihnen – werden keine Erklärung zu dieser Angelegenheit benötigen; und denen, die nichts davon wissen, sage ich einfach: Möge es ihnen noch lange so bleiben!

Mein Freund kippte seinen Cocktail mit der Miene eines daran Gewöhnten hinunter und mochte ihn mehr, als er sonst gefiel; ich war jedoch nicht ganz so erfolgreich, da ich mit der Wissenschaft des Trinkens überhaupt nicht vertraut war, erstickte ich fast an der Stärke des Schnapses, was meinen erfahreneren Freund sehr amüsierte, der mir riet, es noch einmal zu versuchen. Ich *versuchte* es noch einmal und war erfolgreicher; der Schnaps erging wie jeder Rum und zeigte bald die üblichen Wirkungen. Natürlich war sein Einfluss auf mich außerordentlich stark, da ich an seinen Gebrauch überhaupt nicht gewöhnt war. Ein sehr angenehmes Gefühl der Erheiterung überkam mich – ich dachte, ich wäre gerade einmal hunderttausend Dollar wert – ich umarmte meinen Freund und schwor, er sei ein „Trumpf" – dann bemerkte ich mit leichter Überraschung, dass er sich in zwei Individuen verwandelt hatte – es gab jetzt zwei Barkeeper, obwohl es kurz vor meinem Trank nur einen gab – ein zusätzlicher Kronleuchter war gerade hinzugetreten, um den einsamen zu besuchen, der den Raum erhellt hatte – um es deutlich zu sagen, ich sah doppelt; und um die ganze Sache in wenigen Worten zusammenzufassen: Ich war zum ersten Mal in meinem Leben entschieden und unbestreitbar *betrunken*.

Soweit ich mich erinnern kann, hakte sich mein Freund bei mir unter und wir gingen auf die Straße hinaus – er stützte mich teilweise und bewahrte mich vor dem Fallen. Wir waren zwei wunderbare Jugendliche, zwölf Jahre alt, das war klar – der eine taumelte und versuchte hinzufallen, der andere lachte und hielt ihn aufrecht!

Der Regen hatte aufgehört zu fallen und die Sterne leuchteten, als wäre nichts geschehen. Die kühle Luft nüchterne mich und mein Freund gratulierte mir zu meiner Genesung von meinem Rauschzustand.

"Nach ein wenig Übung an der Bar", sagte er, "braucht man eine ganze Menge, um Sie *umzuhauen . Lassen Sie mich Ihnen ein paar Tipps* zum Trinken geben. Mischen Sie Ihren Alkohol nie - bleiben Sie immer bei einer Sorte. Essen Sie nach jedem Glas einen Cracker - oder, was noch besser ist, eine Gewürzgurke. Einfache Getränke sind immer die besten - weitaus vorzuziehen gegenüber ausgefallenen Getränken, die Zucker, Zitronen, Minze und anderen Mist enthalten; obwohl ein Mischgetränk in einer stürmischen Nacht wie dieser durchaus genossen werden kann. Trinken Sie Ale oder Bier sparsam und nur nach dem Abendessen - denn in großen Mengen getrunken bläht es einen auf und spielt mit seinen inneren Organen den Teufel. Außerdem ist es bestenfalls ein schmutziges Zeug, da es aus den abstoßendsten Materialien und auf die schmutzigste Art und Weise hergestellt wird. Trinken Sie immer *guten Alkohol* , der Ihnen nicht schadet, während das scheußliche Zeug, das in den verschiedenen Bars verkauft wird, Sie bald ins Grab bringen wird. Wenn Sie ein oder zwei Tage mit freiem Trinken verbringen, verpassen Sie nicht, ein Nehmen Sie eine einzige Mahlzeit zu sich, und wenn Sie nicht essen möchten, *zwingen* Sie sich dazu; denn wenn Sie das Essen vernachlässigen, wird Sie dieser schreckliche Teufel, *Delirium Tremens* , schneller in seiner Gewalt haben, als Sie denken. Nehmen Sie jeden Morgen nach einem *Saufgelage* ein gutes, starkes Horn Brandy und bald darauf ein Glas Sodawasser, das Sie abkühlt. Trinken Sie niemals Gin – das ist vulgäres Zeug, nicht für Gentlemen geeignet. – Wenn Sie vom Trinken ablassen möchten, hören Sie nie abrupt auf, denn das ist gefährlich, sondern *verringern Sie es* allmählich – heute drei Gläser, morgen zwei und übermorgen eines. Trinken Sie unter keinen Umständen mit niederen Leuten, denn das bringt Sie auf ihr Niveau. Wenn Sie zu einer Trinkparty oder einem vornehmen Abendessen gehen, setzen Sie sich mit dem Rücken zur Sonne – beschränken Sie sich auf eine Art Alkohol – nehmen Sie gelegentlich einen Schluck Essig – und selbst der Teufel kann Sie nicht unter den Tisch trinken! Verstehen Sie mich jetzt, mein lieber *Grünschnabel* ?

Solche Worte und Ratschläge, die von einem zwölfjährigen Jungen kamen, überraschten mich und ließen mich schnell zu dem Schluss kommen, dass er in der Tat ein sehr „ *schneller* " junger Mann sein musste. Ich musterte meinen neuen Freund genauer. Er war nicht außergewöhnlich gutaussehend, aber sein Gesicht glühte nicht vor Gesundheit, sondern vor Alkohol. Seine vollen Wangen waren rosig und die Spitze seiner wohlgeformten Nase war von einem zarten Zinnoberrot gefärbt. Er war etwas zierlicher als ich, aber er sah kräftig und aktiv aus. Seine eng zugeknöpfte Jacke zeigte eine volle Brust und ein Paar muskulöse Arme. Seine kleinen Füße steckten in Lackstiefeln. Auf dem Kopf trug er eine flotte Stoffmütze, unter der eine Menge feiner, lockiger Haare hervorquoll. Ich beneidete ihn wirklich um sein gutes Aussehen und auch um seine geistigen Fähigkeiten. Er sah, dass ich ihn bewunderte, und er mochte mich dafür.

So war *Jack Slack* , ich kann seinen Namen auch gleich nennen, denn ich hasse die Tricks von Autoren, die die Neugier ihrer Leser bis zum Ende ihrer Erzählungen schmerzhaft gereizt halten, um eine *Wirkung zu erzielen* . Meine beruflichen Gewohnheiten als Schriftsteller veranlassen mich, dasselbe zu tun; aber ich darf nicht vergessen, dass ich meine eigene Geschichte schreibe und nicht einen Erguss meiner Fantasie, die eine fruchtbare Mutter zu sein scheint, denn sie hat viele Kinder hervorgebracht und (wenn ich lebe) noch viele weitere hervorbringen kann.

Während ich schreibe, läuten die Sabbatglocken in süßer Harmonie, und durch mein offenes Fenster dringt der kühle, aber milde Hauch eines Herbstmorgens. Ja, es ist Sonntag, und alle heiligen Assoziationen des heiligen Tages drängen sich um mich. Ich kann fast die Dorfkirche sehen und die Schar der Gläubigen darin, die den inbrünstigen Bemerkungen und Ermahnungen ihres Pfarrers lauschen. Dann kann ich mir die prächtige Kathedrale mit ihren bunten Fenstern, ihren kunstvollen Schnitzereien, ihren läutenden Orgeln und ihrer eleganten Versammlung oberflächlicher Gläubiger vorstellen. Während andere beten, sich vergnügen und schlafen, fahre ich mit meiner eisernen Feder über das makellose Papier und wünsche mir, meine Handschrift könnte mit meinen Gedanken Schritt halten. – Dies ist ein Exkurs; aber der Leser wird es verzeihen. Ich weiß, dass es *ein liebes Geschöpf* gibt , das mich verstehen wird, wenn seine Augen diese Seiten überfliegen. Aber sie ist , ach!, weit weg.

Wo war ich? Ach, wo wir gerade von Jack Slack sprechen. Wie gut erinnere ich mich an die Nacht, in der ich ihn zum ersten Mal traf! Ich kann ihn jetzt noch sehen, mit seinem schelmischen Lächeln, seinen Augen voller Teufelei – seinen verächtlichen Lippen – ich kann fast sein spöttisches Lachen hören. Ja, obwohl seitdem achtzehn Jahre vergangen sind, ist die Erinnerung an diese Nacht noch frisch in mir, als wäre sie erst gestern passiert.

Möge das Verderben die Umstände ergreifen, die mich dazu brachten, ihm zu begegnen! Er war die Grundlage meines Unglücks im Leben. Ohne ihn hätte ich ein glückliches, ruhiges Leben führen können; unbekannt, das ist wahr, aber dennoch glücklich. Aber, armer Kerl! Er ist jetzt tot. Er starb durch meine Hand, und ich bereue die Tat nicht, noch würde ich sie zurückrufen, wenn ich die Macht dazu hätte. Aber davon wird der Leser später erfahren.

Das war meine erste Nacht der Ausschweifung – das war der Anlass meiner Einweihung in die Geheimnisse der Ausschweifung. Zuvor hatte ich notwendigerweise ein geregeltes und enthaltsames Leben geführt – um acht ins Bett, um sechs aufgestanden, um neun in der Schule und so weiter. (Übrigens habe ich in der Schule nie etwas gelernt – der Lehrer erklärte mich zum dümmsten Schurken im Betrieb und verprügelte mich entsprechend – guter alter Mann! Alles, was ich je gelernt habe, habe ich in einer *Druckerei erworben* .) Nun stand ich also im Alter von zwölf Jahren auf dem Meer des Stadtlebens, ohne Führer, Beschützer oder Freund. Wen wundert es, dass ich ein rücksichtsloser, ausschweifender Mensch wurde, der sich nicht um sich selbst, seine Interessen, seinen Ruhm und sein Vermögen kümmerte?

Jack Slack und ich betraten Arm in Arm den Broadway und gingen in gemächlichem Tempo diese edle Allee entlang. Wir trafen viele Kurtisanen und begrüßten viele Wächter mit den Komplimenten der Saison. (Es gab damals weder *Brazen Stars* [ B]_noch *MPs* .) Eine Dame des Pavé, die mein Begleiter mit galanten Komplimenten ansprach, sagte: „Kleiner Junge, geh nach Hause zu deiner Mutter und sag ihr, dass sie dich will!‟

Ich bin jetzt dabei, ein demütigendes Geständnis abzulegen, aber ich darf nicht davor zurückschrecken, da ich mich mit dem Entschluss hingesetzt habe, „die Wahrheit, die ganze Wahrheit und nichts als die Wahrheit‟ zu schreiben. Ich ließ mich von Jack überreden, ihn bei einem Besuch in einem berühmten Etablissement in der Leonard Street zu begleiten – einem Haus, in dem gastfreundliche Damen mit großen persönlichen Reizen wohnten, die nicht besonders tugendhaft waren. Das war natürlich mein erster Besuch in einem Haus mit schlechtem Ruf; und ohne die Natur des Ortes und seine Einrichtung genau zu verstehen, war ich tief beeindruckt von der Fremdartigkeit und Neuheit von allem, was mich umgab. Die kostbaren und eleganten Möbel – die strahlenden Kronleuchter – die prächtigen, aber etwas *lockeren* französischen Drucke und Gemälde – der allgegenwärtige Luxus – die wollüstigen Damen mit ihren nackten Schultern, geschminkten Wangen und ungezwungenen Manieren – die dralle, geschäftige Wirtin, die mit fast königlicher Pracht gekleidet war und eine Fülle von Schmuck trug – die Menge halb betrunkener Herren, die Wein tranken und lauthals lachten – all diese Dinge erstaunten und verwirrten mich. Mein Freund Jack schien den Hausbewohnern gut bekannt zu sein, bei denen er offenbar sehr beliebt war. Nachdem er mich – zu meiner großen Misszufriedenheit und Abneigung – einer Dame vorgestellt hatte, nahm er sich einer anderen an und verlangte ein paar Flaschen Wein. Jack und seine Dame standen offensichtlich auf dem intimsten und zärtlichsten Fuß, während meine weibliche Begleiterin sehr liebevoll zu sein schien, aber ich schätzte ihre Annäherungsversuche nicht, da ich an solche Dinge überhaupt nicht gewöhnt war. Der Champagner wurde gebracht und ich wurde überredet, ihn in großen Mengen zu trinken.

Die Folge war, dass ich bald hilflos betrunken war. Ich kann mich undeutlich an die tanzenden Lichter, das Knallen der Champagnerkorken erinnern – den Lärm, die Verwirrung, das Dröhnen eines Klaviers und das ausgelassene Gelächter – und dann fiel ich in einen Zustand völliger Bewusstlosigkeit.

Als ich aufwachte, war ich über meine Lage erstaunt, und das war ganz natürlich, denn ich befand mich in einem seltsamen Zimmer und war gemütlich in einem seltsamen, aber ausgesprochen luxuriösen Bett untergebracht. Das Zimmer war hübsch möbliert, aber zu meiner zusätzlichen Überraschung lagen viele weibliche Kleidungsstücke verstreut herum, was darauf hindeutete, dass die regelmäßige Bewohnerin des Zimmers eine Dame war. Dieses Rätsel löste sich bald, denn ich war nicht der einzige Bewohner des Sofas. Meine Begleiterin war die Dame, der ich von Jack Slack vorgestellt worden war. Aus Mitleid mit meinem hilflosen Zustand – und zweifellos auf Veranlassung des boshaften Jacks – hatte sie mich ins Bett getragen und sich auch selbst zurückgezogen, getrieben von einer bösen Sorge um meine Sicherheit. Was für eine heikle Situation für einen bescheidenen jungen Mann! Nachdem ich zu meiner nicht geringen Genugtuung festgestellt hatte, dass die Dame fest schlief, stand ich so vorsichtig und geräuschlos auf, dass ich sie nicht weckte. In Wahrheit war mir die ganze Angelegenheit zuwider und ich beschloss, sie so schnell wie möglich zu verlassen. Glücklicherweise brannte im Zimmer Licht, so dass ich mich sicher bewegen konnte. Eine goldene Uhr, die auf dem Tisch lag, verriet mir, dass es fast Mitternacht war. – Ich verließ das Zimmer und seinen schlafenden Insassen, schlich die Treppe hinunter und als ich an der Tür des Hauptwohnzimmers vorbeikam, überzeugte mich die Stimme von Jack Slack, der unter enthusiastischem Applaus ein komisches Lied sang, davon, dass mein interessanter Freund sich immer noch als Quelle der Unterhaltung und als Gegenstand der Bewunderung erwies. Ohne anzuhalten, um ihm zu seiner hervorragenden Darbietung ein Kompliment zu machen, näherte ich mich der Vordertür, drehte den Schlüssel im Schloss um, löste die Kette und ging auf die Straße hinaus, gerade als die Uhr eines benachbarten Kirchturms zwölf Uhr anzeigte.

Mein Kopf schmerzte schrecklich nach dem Champagner, den ich so reichlich getrunken hatte, und außerdem fühlte ich mich schwer und außergewöhnlich schläfrig. Unfähig, dem überwältigenden Einfluss meiner Gefühle zu widerstehen, setzte ich mich auf die Stufen eines Hauses und schlief in weniger als einer Minute fest ein. Dann träumte ich, dass mich ein riesiger Dämon mit aller Macht gepackt und in den bodenlosen Abgrund getrieben hatte. Ich fühlte mich zwar bewegt, aber mein Zustand der Vergesslichkeit erlaubte es mir nicht, zu einem genauen Verständnis dessen zu gelangen, was mit mir geschah. Als ich schließlich aufwachte, befand ich mich in einem Raum, der sich in seinem Aussehen stark von dem luxuriösen

Zimmer unterschied, das ich gerade verlassen hatte. Der Boden, die Wände und die Decke des Raums waren aus Stein; es gab keine Fenster, aber eine schmale Öffnung hoch oben in der Wand ließ den schwachen Schimmer des Tageslichts herein. Es gab eine Eisentür und eine Wasserleitung und eine Plattform, auf der ich lag und auf der mehrere Herren in schäbiger Kleidung und ungesundem Aussehen ruhten. Der Ort und die Gesellschaft, die sich im trüben Morgenlicht nur schwach widerspiegelten, flößten mir Schrecken ein, und in meiner Unerfahrenheit und Unwissenheit sagte ich mir:

„Ich muss diesen Ort sofort verlassen. Wie ich hierhergekommen bin, ist ein Rätsel, aber sicher ist, dass ich nicht bleiben kann."

Ich erhob mich von meinem harten Sofa und näherte mich der Eisentür in der festen Erwartung, ohne Schwierigkeiten hinausgehen zu können, denn ich bildete mir ein, in eines dieser billigen und elenden Logierhäuser geraten zu sein, von denen es in der Stadt wimmelt. (Übrigens werde ich später vielleicht noch etwas zu diesen billigen Logierhäusern sagen. Es könnte einige interessante Einzelheiten dazu geben, die den unbedarften Leser ziemlich in Erstaunen versetzen werden .)

Zu meiner Überraschung stellte ich fest, dass sich die Tür nicht öffnen ließ. Dann rief einer meiner Mitbewohner, der mich beobachtet hatte:

„Wirst du uns verlassen, mein Junge? Dann hinterlasse uns deine Karte oder eine Haarlocke als Erinnerung an dich."

„Wären Sie so freundlich, mir zu sagen, welcher Ort das ist?", sagte ich.

Der Mann lachte laut und antwortete:

„Wieso, weißt du es nicht? Was für ein unschuldiger junger Mann du bist, das ist klar! Wie zum Teufel konntest du hierher kommen, ohne etwas davon zu wissen? Aber ich nehme an, du warst betrunken, was für einen Jungen wie dich sehr schade ist. Nun, um dich nicht auf die Folter zu spannen, muss ich dir mitteilen, dass du dich im *Wachhaus der Gräber befindest*!"

Diese Nachricht entsetzte mich. Eingesperrt zu sein – ein Gefangener zu sein – mit einer Gruppe von Ausgestoßenen, Dieben und vielleicht Mördern in Verbindung gebracht zu werden – war für mich der Gipfel des Grauens. Ich sah den Mann, mit dem ich gesprochen hatte, besonders an. Er sah wild aus, mit einem Bart wie ein Pirat und einem Auge, das von Blut und Gewalt sprach. Er war grob gekleidet, in einer Kleidung, die ihn als Seemann auswies.

Im Laufe eines Gesprächs, das wir führten, erzählte er mir, dass er am Vorabend einen Mord begangen hatte und damit rechnete, gehängt zu werden.

„Wir haben beim Kartenspielen gestritten ", sagte er, „und er hat mich gelogen – woraufhin ich mein Todesmesser zog und ihm ins Herz stach. Er war sofort tot; die Polizei eilte herbei, und hier bin ich. Man wird mir den Hals strecken, aber das ist mir egal. Was macht es schon aus, wie ein Mensch stirbt? Wenn meine Zeit gekommen ist, werde ich so bereitwillig und fröhlich davongehen, als ob ich etwas trinken wollte."

(Ich möchte hier anmerken, dass ich diesen Mann später im Hof der *Gräber hängen sah* . Seine Geschichte ist in meinem Besitz und ich werde sie im Folgenden niederschreiben.) [C]

Um neun Uhr wurde ich vor den Richter gebracht, der mich nach einem strengen Verweis für mein Fehlverhalten aus der Haft entließ, mit der Bemerkung, dass er mich, wenn ich noch einmal dorthin gebracht würde, für fünf Tage in die Tombs einweisen müsste. Hocherfreut über meine Freilassung verließ ich den Gerichtssaal und fand mich in der Centre Street wieder. Meine Ausschweifungen der vergangenen Nacht hatten mir keineswegs den Appetit verdorben, und da ich noch die zuvor erwähnten Sixpence bei mir hatte, beschloss ich, mir sofort ein Frühstück zuzubereiten. Da mir bewusst war, dass meine begrenzten Finanzen mir keine sehr üppige Mahlzeit ermöglichten, und mir der Notwendigkeit der Sparsamkeit voll bewusst war, betrat ich den Laden eines Bäckers und kaufte drei Brötchen zum Preis von einem Cent das Stück. So ausgerüstet begab ich mich zu einer Pumpe in der benachbarten Straße und bereitete mir ein leichtes, aber gesundes Frühstück zu.

Auf diese Weise, lieber Leser, begann Ihr ergebener Diener, sich Wissen über die Welt anzueignen.

### FUßNOTEN:

[A] Das Letzte, was man von Robinson hörte, war, dass er in Texas war. Es wurde berichtet, dass er verheiratet und vermögend war und seinen rechten Arm in einer Schlacht verloren hatte, deren Namen ich nicht mehr weiß.

[B] Ich habe gerade eine Geschichte unter diesem Titel geschrieben, die voller Fakten und Witz ist und mehr Wahrheit als Poesie enthält. Der Leser kann sie erhalten, indem er sich an den Verleger dieses Werks wendet. Sie ist eine Lektüre wert.

[C] Dieses Werk befindet sich derzeit in aktiver Vorbereitung. Für Liebhaber spannender Geschichten wird diese Geschichte von besonderem Interesse sein. Sie wird vom Verlag dieser Erzählung herausgegeben.

# KAPITEL II

### *In diesem Buch werde ich Drucker und werde in gewisse Geheimnisse des Ehelebens eingeweiht.*

Nachdem ich zu meiner vollen Zufriedenheit gefrühstückt und mich auch körperlich gestärkt hatte, betrat ich den Park, setzte mich auf die Stufen des Rathauses und dachte: „Was ist das Beste, was ich tun kann?" – Es war Montagmorgen und das Wetter war ausgezeichnet. Es war eine ausgezeichnete Zeit, um nach Arbeit zu suchen. Ein Schild an einem alten Gebäude in der Chatham Street erregte meine Aufmerksamkeit. Darauf standen die Worte „Buch- und Auftragsdruck".

„Gut!", murmelte ich, als ich den Park verließ und zu dem besagten alten Gebäude hinüberging. „Ich werde Drucker! Franklin war einer, und er mochte, wie ich, Brötchen, denn als er Philadelphia betrat, hatte er unter jedem Arm eine. Ja, ich werde Drucker."

Als ich die Druckerei betrat, stellte ich fest, dass es sich um ein sehr kleines Unternehmen handelte, das nur eine einzige Druckerpresse und eine ziemlich begrenzte Auswahl an Drucktypen hatte. Der Inhaber der Druckerei, den ich Mr. Romaine nennen werde, war ein eher intellektuell wirkender Mann mittleren Alters. Da er sehr fleißig war, erledigte er den Großteil seiner Arbeit selbst, stellte jedoch gelegentlich einen Gesellen ein, wenn es ungewöhnlich viel Arbeit gab. Als ich eintrat, blickte er von seinem Koffer auf und fragte mit wohlwollender Miene:

„Also, mein Junge, was kann ich heute Morgen für *dich tun* ?"

„Wenn es Ihnen recht ist, Sir, ich möchte Drucker werden lernen", antwortete ich kühn.

„Ach, tatsächlich! Nun, ich dachte gerade daran, einen Lehrling anzunehmen. Aber erzähl doch mal von dir – wie alt bist du und wer bist du?"

Ich teilte Herrn Romaine offen alles mit, was er über mich wissen wollte, und er äußerte sich vollkommen zufrieden. Er ließ mich sofort die Kästchen eines Setzkastens lernen, und in einer halben Stunde hatte ich die Aufgabe erledigt, die nicht sehr schwierig war, da es lediglich eine Anstrengung des Gedächtnisses war.

Nachdem vereinbart worden war, dass ich im Haus von Mr. Romaine wohnen sollte, begleitete ich diesen Herrn zum Abendessen nach Hause. Er lebte in der William Street und seine Frau betrieb eine elegante Pension für Kaufleute, Berufstätige usw. Mehrere dieser Herren waren verheiratet und hatten ihre Frauen dabei. Mrs. Romaine, die Frau meines Arbeitgebers, war eine der schönsten Frauen, die ich je gesehen habe – groß, üppig und wirklich schön. Sie war etwa fünfundzwanzig Jahre alt und hatte ein besonders bezauberndes und angenehmes Benehmen. Sie kleidete sich immer sehr elegant und war ihrer Position als Wirtin eines solchen Hauses hervorragend angepasst. Ich möchte anmerken, dass sie, obwohl sie seit mehreren Jahren die Frau von Mr. Romaine war, nicht mit Nachkommen gesegnet war, was für sie zweifellos eine große Enttäuschung war, ganz zu schweigen von dem *Kummer* , den eine verheiratete Frau natürlich empfindet, wenn sie nicht rechtzeitig zur Bevölkerung ihres Landes beiträgt.

Da ich an die sparsame Kargheit an der Tafel meines Onkels gewöhnt war, war ich überrascht und erfreut zugleich über die luxuriöse Fülle, die mich beim Abendessen bei Mrs. Romaine erwartete. Ebenso erfreut war ich über die Lebhaftigkeit, Intelligenz und gute Laune der Unterhaltung, die die Damen und Herren führten, und auch über ihr kultiviertes und höfliches Verhalten untereinander. Ich gratulierte mir selbst dazu, dass es mir gelungen war, nicht nur ins Geschäft, sondern auch in die gute Gesellschaft zu gelangen.

„Wenn meine geliebten Verwandten mich jetzt sehen könnten", dachte ich, „würden sie über meine Lage und meine Aussichten vielleicht nicht sehr erfreut sein. Sollen sie doch zu Beelzebub gehen! Ich werde trotz ihnen in der Welt weiterkommen!"

Nach ein paar Tagen war ich in der Druckerei sehr nützlich, denn ich hatte gelernt, die Schrift zu setzen und hinter der Presse zu *rollen ; ich erledigte auch alle mannigfaltigen Aufgaben des Teufels* und hatte das Glück, die Gunst meines Arbeitgebers zu gewinnen, der mir großzügig einen schönen neuen Anzug kaufte und darauf bedacht schien, es mir so bequem wie möglich zu machen. Auch seine Frau behandelte mich sehr freundlich; aber diese Dame hatte etwas Geheimnisvolles an sich, das mich eine Zeit lang äußerst verwirrte. Eine Entdeckung, die ich machte, erstaunte mich, so jung ich auch war, und brachte mich auf einen „teuflischen Gedankengang". Herr Romaine und seine Frau bewohnten getrennte Schlafräume, und es schien eine Abneigung zwischen ihnen zu herrschen, obwohl sie einander mit der förmlichsten und gewissenhaftesten Höflichkeit behandelten. Aber meine Leser werden mir zustimmen, dass bloße *Höflichkeit* nicht das einzige Gefühl ist, das zwischen einem Mann und seiner Frau bestehen sollte. Offenbar war etwas „faul in Dänemark" zwischen Herrn und Frau Romaine, und ich beschloss, wenn möglich, das Geheimnis zu lüften.

Mr. Romaine, der angeblich ein frommer Mann war, war besonders dafür, „den Sabbattag zu heilighalten", und er wies mich deshalb an, sehr pünktlich in die Kirche und in die Sonntagsschule zu gehen, und ich befolgte seine lobenswerte Bitte, bis mir Visionen von literarischer Größe und Berühmtheit zu dämmern begannen, woraufhin ich, angetrieben von Lebkuchen und

Ehrgeiz und außerdem unterstützt und angestiftet von einem anderen Druckerteufel, der noch jung war und literarische Ambitionen hatte, eines Sonntagmorgens die Druckerei betrat (zu der ich den Schlüssel besaß) und mit Hilfe meines Begleiters hundert Exemplare einer winzigen Zeitschrift von gerade einmal sechs Zoll im Quadrat herstellte und abdruckte, die eine *sehr* kurze Zusammenfassung der Nachrichten des Tages, einen *sehr* gleichgültigen politischen Führer und einige *eher* einseitige Theaterkritiken enthielt. Diese umfangreiche Zeitung gaben wir an drei aufeinanderfolgenden Sonntagen heraus und verteilten sie unter unseren jugendlichen Freunden zum moderaten Preis von einem Cent pro Exemplar. Am vierten Sonntag wurden wir beim Drucken unseres Tagebuchs von Mr. Romaine persönlich ertappt. Obwohl er sich das Lachen vor Lachen kaum verkneifen konnte, hielt er uns einen langen Vortrag über die Verbrechen der Sabbatheiligung und ließ uns dann die Lettern verteilen. Dabei vergaßen wir, dass wir den Sabbat sowohl durch das Auseinandernehmen als auch durch das Zusammensetzen unseres Formulars verletzten.

Auch Mr. Romaine war strikt gegen das Theater, aber trotzdem besuchte ich das „Little Frankin " vier oder fünf Mal pro Woche, um John und Bill Sefton im „Golden Farmer" und andere spannende Melodramen zu sehen. Ein praktischer Nebenraum, ein Garten und ein Schuppen ermöglichten es mir, mein Zimmer zu jeder Stunde in der Nacht zu betreten, ohne dass mein Arbeitgeber meine Abwesenheit von zu Hause bemerkte.

Eines Nachts, nachdem ich an meinem Lieblingsort der Unterhaltung gewesen war, kam ich gegen Mitternacht nach Hause. Als ich den Garten betrat, bemerkte ich zu meiner Überraschung, dass Licht durch die Küchenfenster strömte – ein sehr ungewöhnliches Phänomen. Ich schlich mich leise an eines der Fenster heran und als ich in die Küche blickte, bot sich mir ein Anblick, der mich mit Erstaunen erfüllte.

Mrs. Romaine, nur mit ihrem Nachthemd bekleidet, saß an einem Tisch, und neben ihr saß ein junger Herr namens Anderson, der im Haus wohnte und ein wohlhabender Kaufmann war. Er hatte seinen Arm um die Taille der Dame gelegt, und ihr Kopf ruhte liebevoll auf seiner Schulter. Sie sah an diesem Abend ungewöhnlich schön und sinnlich aus, dachte ich. So jung ich auch war, wunderte ich mich nicht über den Blick leidenschaftlicher Bewunderung, mit dem Anderson seine schöne Gefährtin betrachtete, auf deren sinnlichem Gesicht ein Ausdruck befriedigter Liebe ruhte. Auf dem Tisch lagen die Reste eines Abendessens, an dem sie offensichtlich teilgenommen hatten; außerdem standen eine Flasche Wein und zwei Gläser, die teilweise gefüllt waren. Mrs. Romaine nippte gelegentlich an ihrem Wein, ebenso wie ihr Liebhaber; und das schuldige Paar schien sich sehr zu amüsieren. Es war klar, dass die Dame entschlossen war, durch ihre Entfremdung von ihrem Ehemann nichts zu verlieren; es war ebenso klar, dass zwischen ihr und Mr. Romaine nicht das geringste Fünkchen Liebe bestand. Ich fragte mich jetzt nicht mehr, warum das Ehepaar getrennte Wohnungen bewohnte, und kam zu dem Schluss, dass die Enttäuschung in Sachen Kinder der Grund für ihre gegenseitige Abneigung war. Wenn ich statt einer Tatsachengeschichte einen Roman schreiben würde, würde ich hier ein imaginäres, zärtliches Gespräch zwischen dem Paar einführen. Da ein solches Gespräch aber nicht stattfand, kann ich auch keins beschreiben.

„Nun", sagte ich zu mir selbst, „das ist wirklich eine nette Angelegenheit. Ich schätze, wenn Mr. Romaine so etwas vermuten würde , würde er den Teufel dafür bezahlen müssen, und das ist kein Zweifel. Aber das geht mich nichts an, also werde ich durchs Fenster klettern und zu Bett gehen."

Mein Arbeitgeber war ein sehr guter Mann, und ich bemitleidete ihn aufrichtig wegen seiner unglücklichen ehelichen Situation. Ich wandte mich vom Küchenfenster ab und begann, den Schuppen zu erklimmen, um mein Zimmer zu erreichen. Ich hatte fast das Dach des Schuppens erreicht, als ein Brett nachgab und ich etwa zehn Fuß weit zu Boden stürzte. Glücklicherweise wurde ich nicht verletzt, aber der Lärm weckte und alarmierte das Liebespaar in der Küche. Mrs. Romaine stieß in ihrer Angst und Furcht vor Entdeckung einen leisen Schrei aus, während Mr. Anderson hervorstürzte und mich mit ziemlicher Kraft packte. Ich wehrte mich, trat und versuchte, mich zu befreien, aber es war alles vergebens. Unter vielen gemurmelten Verwünschungen zerrte mich Anderson in die Küche und schwor, wenn ich nicht ruhig bliebe, würde er mir mit einem Dolchmesser, das er aus seiner Tasche zog, ins Herz stechen.

„Du junger Schlingel", sagte er, „wer hat dich engagiert, um die Rolle eines Spions zu spielen? Hat Mr. Romaine dir befohlen, uns zu beobachten? Lauert er draußen im Garten? Wenn ja, dann soll er sich in Acht nehmen, denn ich bin ein verzweifelter Mann, mit dem man nicht spaßen kann!"

Ich erklärte alles zur vollsten Zufriedenheit des Herrn und der Dame, und ihre Mienen hellten sich auf, als sie feststellten, dass die Dinge bei weitem nicht so schlimm waren, wie sie befürchtet hatten.

"Nun, mein Junge", sagte Anderson, "halten Sie sich einfach ganz bedeckt über diese Angelegenheit, und ich werde Ihr Vermögen machen. Solange ich lebe, soll es Ihnen keinen Dollar fehlen. Als Anzahlung für das, was ich in Zukunft für Sie tun könnte, nehmen Sie diese Kleinigkeit an, die es Ihnen ermöglichen wird, Ihre Neigung zum Theaterbesuch nach Herzenslust zu befriedigen."

Die „Kleinigkeit" war eine Goldmünze im Wert von zehn Dollar. Ich hatte noch nie so viel Geld besessen, und kein Millionär fühlte sich je reicher als ich in diesem Moment. Herrliche Visionen dramatischer Genüsse tauchten vor meinen Augen auf, und ich war glücklich.

Mr. Anderson ließ mich ein paar Gläser Wein trinken, der sehr gut schmeckte und mich ganz beschwingt fühlen ließ. Dann sagte er mir, ich solle besser zu Bett gehen, und ich stimmte ihm vollkommen zu. Also wünschte ich dem verliebten Paar herablassend eine gute Nacht und ihnen scherzhaft eine angenehme gemeinsame Zeit – der Wein hatte mich kühn und frech gemacht –, verließ die Küche und begann, mit aller Stille und Vorsicht, deren ich fähig war, die Treppe zu meinem eigenen Zimmer hinaufzusteigen.

An diesem Abend sollte ich eine weitere erstaunliche Entdeckung machen. Da ich ziemlich angetrunken war, fehlte mir mein übliches Urteilsvermögen und ich stolperte gegen einen Tisch, der auf einem der Treppenabsätze gegenüber der Zimmertür einer jungen und besonders hübschen Witwe namens Mrs. Raymond stand, die in dem Haus wohnte. Sie besaß ein hübsches, unabhängiges Vermögen und führte ein elegantes, legeres Leben. Obwohl sie zurückhaltend aussah und sich ehrwürdig benahm , lag in ihren Augen eine ganze Schar tanzender Teufel, die davon kündeten, dass ihre Natur nicht ganz so kalt wie Eis war.

Durch den Zusammenstoß mit dem Tisch prallte ich zurück und prallte heftig gegen Mrs. Raymonds Tür, die aufflog, und ich landete genau in der Mitte der Wohnung.

Ich hörte einen Schrei und dann einen Fluch. Der Schrei war das Werk der schönen Witwe; der Fluch war das Werk von Mr. Romaine, meinem frommen, den Sabbat verehrenden und das Theater ablehnenden Arbeitgeber. Er sprang von dem Sofa auf, auf dem er neben der Witwe gesessen hatte, packte mich an der Kehle und fragte, wie zum Teufel ich hierhergekommen sei.

Mein Verstand hatte mich nicht ganz verlassen, und ich konnte eine ziemlich plausible Geschichte erzählen. Ich gestand offen, dass ich im Theater gewesen war, und erklärte, dass ich durch das Küchenfenster ins Haus gekommen war. Natürlich sagte ich nichts über Anderson und Mrs. Romaine.

„Sie haben getrunken", sagte Mr. Romaine in einem Ton, der keineswegs streng war, „aber das verzeihe ich Ihnen, und auch, dass Sie mir nicht gehorcht haben und ins Theater gegangen sind. Seien Sie in Zukunft ein guter Junge, und es wird Ihnen, solange ich lebe, nie an Freunden fehlen."

Während er sprach, sah ich mich im Zimmer um. Es war mit erlesenem und elegantem Geschmack eingerichtet. Mrs. Raymond, die noch immer auf dem Sofa saß, errötete tief, als ihre Augen sich mit meinen trafen. Sie war *en deshabille* und sah bezaubernd aus. Ich konnte nicht anders, als die göttliche

Vollkommenheit ihrer Gestalt zu bewundern, wie sie sich in ihrer herrlich lässigen Kleidung *zeigte* . Es wunderte mich nicht, dass meine respektvolle Anwesenheit sie verwirrte, denn sie hatte sich immer als das Muster weiblicher Schicklichkeit betrachtet, und außerdem hielt sie mir oft strenge Vorträge über die Ungeheuerlichkeit einiger meiner kindlichen Vergehen, von denen sie erfahren hatte.

Herr Romaine wandte sich weiter an mich und sagte:

„Wenn Sie feierlich versprechen, nichts darüber zu sagen, dass Sie mich in diesem Zimmer gesehen haben, werde ich Sie großzügig belohnen."

Ich gab bereitwillig das geforderte Versprechen, woraufhin mir mein frommer Arbeitgeber einen Fünfdollarschein überreichte, den ich mit der aller Lässigkeit der Welt entgegennahm. Dann zog ich mich zurück und gelangte ohne weitere Abenteuer in mein Zimmer. In dieser Nacht konnte ich nicht schlafen, denn meine Gedanken waren zu sehr mit den Entdeckungen beschäftigt, die ich gemacht hatte; und außerdem hätte mich das selige Bewusstsein, im Besitz der fürstlichen Summe von fünfzehn Dollar zu sein, ohne alles andere wach gehalten.

Ein oder zwei Tage nach diesen Vorfällen sah ich beim Durchblättern einer Morgenzeitung eine Anzeige, die von meinem Onkel unterschrieben war und in der dieser ehrenwerte Mann eine Belohnung für meine Ergreifung auslobte. Die Anzeige enthielt eine genaue Beschreibung meines Aussehens und der Kleidung, die ich trug, als ich „weglief". Obwohl ich meine Kleidung komplett gewechselt hatte, hatte ich Angst, dass mich jemand erkennen und mich zum Haus meines Onkels zurückbringen könnte, wo ich allen Grund hatte, eine weitaus schlimmere Behandlung zu erwarten, als ich jemals zuvor erfahren hatte. Aber Mr. Romaine, dem ich die Anzeige zeigte, sagte mir, ich solle überhaupt nicht beunruhigt sein, da er mich unter allen Umständen beschützen würde. Diese Versicherung beruhigte mich sehr. Ich wurde aufgrund dieser Anzeige nie belästigt.

Nach der Nacht, in der ich die Intrigen meines Arbeitgebers und seiner Frau entdeckt hatte, begann ich ein ausgesprochenes „Leben im Luxus" und häufte ziemlich schnell Geld an. Alle Beteiligten behandelten mich mit größter Rücksicht und Respekt. Mr. Romaine ließ mich in der Druckerei so ziemlich alles machen, was ich wollte, und so verbrachte ich eine sehr angenehme und entspannte Zeit, druckte sonntags auf eigene Rechnung so viel, wie ich wollte, und ging so oft ins Theater, wie ich wollte. Mr. Anderson drückte mir gelegentlich einen Fünfdollarschein in die Hand und ermahnte mich gleichzeitig, „den Mund zu halten". Mrs. Romaine nähte mir mit ihren eigenen schönen Händen ein Dutzend prächtiger Hemden, versorgte mich mit unzähligen Taschentüchern, Strümpfen und schicken Krawatten und arrangierte es so, dass, wenn ich abends aus dem Theater zurückkam, in der

Küche ein nettes kleines Abendessen auf mich wartete. Diese Mahlzeiten teilte sie manchmal mit mir, denn wie eine vernünftige Frau liebte sie alle guten Dinge des Lebens, einschließlich gutem Essen und Trinken. Anderson gesellte sich gelegentlich zu uns und wir veranstalteten eine gemütliche kleine Gesellschaft. Mrs. Raymond, die hübsche Witwe, war nicht zögerlich, mir zu bezeugen, wie dankbar sie für mein Schweigen hinsichtlich ihrer Gebrechlichkeit war. Sie machte mir häufig Geldgeschenke und schenkte mir einen eleganten und wertvollen Ring, den ich trug, bis mich „ein unglücklicher Umstand" dazu zwang, ihn in die Obhut „meines Onkels" zu geben – nicht meines geliebten Verwandten aus der Thomas Street (Friede sei seinem Andenken, denn er ist den Weg des Schweinefleischs gegangen) – sondern jenes entgegenkommenden Onkels von mir und allen anderen, Mr. Simpson, der in der *Rue de Chatham* wohnt und dessen Villa mit drei vergoldeten Kugeln geschmückt ist. Freundlicher, bequemer Onkel Simpson!

Ach! Das waren meine glücklichen Tage, als keine einzige Sorge ihren Schatten auf meine Seele warf. Wenn ich an diese Zeit ungetrübten Glücks denke, rufe ich unwillkürlich mit den Worten eines schönen Volksliedes aus:

„Ich wünschte, ich wäre wieder ein Junge!"

Drei Jahre vergingen, ohne dass sich ein Ereignis ereignete, das wichtig genug gewesen wäre, um in dieser Erzählung erwähnt zu werden. Als ich fünfzehn Jahre alt war, wurde die schicke Pension von Mrs. Romaine zum Schauplatz einer Tragödie, die so blutig, so schrecklich und so entsetzlich war, dass mir selbst jetzt, wenn ich daran denke und schreibe, das Blut in den Adern gefriert . Diese schreckliche Angelegenheit kann aus meinem Gedächtnis ebenso wenig gelöscht werden wie die Sonne vom Himmelsgewölbe; und bis zu meinem Todestag wird mich die Erinnerung daran wie ein grässliches Gespenst verfolgen .

Den Einzelheiten dieses blutigen Ereignisses muss ich jedoch ein eigenes Kapitel widmen. Ich würde mich gern der Aufgabe entziehen, es zu beschreiben; aber natürlich wäre dieser Bericht unvollständig, wenn ich es ausließe. Daher muss diese unwillkommene Pflicht erfüllt werden.

# KAPITEL III

*Darin wird eine blutige Tragödie aufgeführt.*

Mit beträchtlichem Unbehagen bemerkte ich, dass Mr. Romaine seine Frau verstohlen mit Blicken von intensivem Hass und bösartiger Wildheit betrachtete; dann wandte er seinen Blick von ihr zu Mr. Anderson, der sich der Musterung überhaupt nicht bewusst war. Mein Arbeitgeber war normalerweise ein sehr ruhiger Mann, aber ich wusste, dass seine Leidenschaften sehr heftig waren und dass er, wenn er einmal richtig erregt war, zu fast jedem Akt wilder Rache fähig war. Ich begann zu befürchten, dass er die Vertrautheit zwischen seiner ehebrecherischen Frau und ihrem Liebhaber ahnte. Nebenbei bemerkt, ich hatte weder Anderson noch Mrs. Romaine jemals von der Intrige zwischen Mr. Romaine und der Witwe, Mrs. Raymond, erzählt; und es ist kaum nötig zu erwähnen, dass ich ebenso diskret war, indem ich meinem Arbeitgeber und seiner „ Geliebten " alle Kenntnisse über den Stand der Dinge zwischen den anderen Parteien vorenthielt.

Ich teilte Herrn Anderson meine Befürchtungen mit, aber er lachte darüber und sagte:

„Unsinn, mein lieber Junge – warum sollte Romaine so etwas vermuten? Harriet (Mrs. Romaine) und ich sind immer sehr diskret und vorsichtig gewesen. Unsere Vertrautheit begann vor drei oder vier Jahren, und da sie so lange unentdeckt geblieben ist, ist es unwahrscheinlich, dass sie *jetzt entdeckt wird* . Sind Sie ganz sicher, dass Sie Romaine keinen Hinweis auf die Affäre gegeben haben?"

„Halten Sie mich für einen solch niederträchtigen Verrat fähig?", fragte ich mit beleidigter Miene.

„Verzeihen Sie mir", sagte Anderson, „ich habe unrecht getan, als ich an Ihnen zweifelte. Glauben Sie mir, Ihre Befürchtungen sind unbegründet. Dennoch danke ich Ihnen für Ihre Vorsicht und werde in Zukunft noch mehr Vorsicht walten lassen, um eine Entdeckung zu vermeiden. Hier ist eine Karte für die Oper heute Abend. Wenn Sie zurückkommen, was gegen Mitternacht sein wird, kommen Sie in Harriets Zimmer und wir drei werden wie zwei Könige und eine Königin zu Abend essen."

Nachdem ich mich ungewöhnlich sorgfältig gekleidet hatte, ging ich in die Oper. Während ich den göttlichen Klängen einer berühmten *Primadonna lauschte* , wurde meine Aufmerksamkeit von einer Gruppe angezogen, die eine der auffälligsten Logen besetzte. Diese Gruppe bestand aus einem Jugendlichen, der anscheinend ungefähr in meinem Alter war, und zwei auffällig aussehenden Frauen, deren Kleider so tief ausgeschnitten waren, dass sie viel mehr von ihrer Brust zeigten, als der Anstand selbst unter einem

Opernpublikum zulassen würde. Es konnte keinen Zweifel über den Charakter dieser beiden Frauen geben. Ich musterte ihren jugendlichen Kavalier aufmerksam und erkannte bald meinen *ehemaligen* Freund und Krug – JACK SLACK. Jack war prächtig gekleidet und sein Aussehen war wirklich großartig. Der anspruchsvollste Pariser Exquisit – selbst der große Graf D'Orsay selbst hätte ihn um die Frisur, die Krawatte und die Makellosigkeit seiner weißen Haare beneidet. Er schwang eine glitzernde , mit Juwelen besetzte *Lorgnon* , und die Art, wie der Kerl „französische Allüren" an den Tag legte, muss für den stolzesten Spross der Aristokratie im Haus eine Warnung gewesen sein.

Nach einer Weile sah mich Jack. Nachdem er mich lange durch sein Opernglas angesehen hatte, winkte er mich zu sich und deutete dabei bedeutungsvoll auf eine seiner „Damen", als wolle er andeuten, dass sie mir vollkommen zur Verfügung stehe. Aber ich schüttelte den Kopf und rührte mich nicht, denn ich hatte kein Verlangen, meine Bekanntschaft mit diesem faszinierenden, aber geheimnisvollen jungen Mann wieder aufzunehmen. Vielleicht ahnte ich, dass er dazu bestimmt war, für uns beide die Ursache eines großen Unglücks zu werden.

Jack sah wütend und enttäuscht aus, als ich seine gastfreundliche Einladung ablehnte. Er lenkte die Aufmerksamkeit seiner Frauen auf mich, und ich sah, dass sie versuchten, auf meine Kosten zu kichern und zu spotten – aber der Versuch war ein völliger Fehlschlag, denn es gab im ganzen Haus niemanden, der besser gekleidet war als ich. Nachdem ich die neidische Gesellschaft mit einem verächtlichen Lächeln geehrt hatte – was, wie ich mir schmeichelte, vollkommen gelang –, wandte ich mich der Bühne zu und erlaubte mir während des Rests der Oper keinen weiteren Blick auf Jack oder seine Freunde. Ich bin überzeugt, dass Jack Slack von dieser Stunde an mein Todfeind wurde.

Als die Vorstellung zu Ende war, verließ ich das Haus und sah, wie Jack mit den beiden Kurtisanen in eine Kutsche stieg . Er bemerkte mich und stieß einen entschiedenen Schrei aus, dem ich keine Beachtung schenkte. Ich eilte nach Hause, weil ich unbedingt zu der kleinen Gesellschaft in Mrs. Romaines Wohnung gehören wollte und bereit war, die Köstlichkeiten zu genießen, die, wie ich wusste, bereitgestellt würden.

Als ich nach Hause kam, begab ich mich sofort in Mrs. Romaines Privatzimmer, wo ich diese gute Dame in Begleitung von Mr. Anderson vorfand. Wir drei setzten uns in bester Laune zum Abendessen. Ach! Wie wenig hatten wir mit der schrecklichen Katastrophe gerechnet, die so bald folgen sollte!

Nachdem der größere Teil des Banketts verzehrt war, wurde der Sektbecher frei herumgereicht und wir wurden sehr heiter und fröhlich. Unbeeindruckt von meiner Anwesenheit und beschwingt von dem rosigen Getränk des fröhlichen Bacchus, gaben sich die Liebenden vielen kleinen Akten zärtlicher Liebschaften hin. Ich war immer darauf bedacht, mich um meine eigenen Angelegenheiten zu kümmern, und widmete mich eifrig der Flasche, denn der Wein war ausgezeichnet und die Sardinen hatten mich durstig gemacht. Ich hatte mir gerade eine Zigarre angezündet und mich der luxuriösen und köstlich beruhigenden Wirkung des Krauts hingegeben, als die Tür gewaltsam aufgerissen wurde und Mr. Romaine ins Zimmer stürzte.

Sein Aussehen war furchterregend! Sein Gesicht war furchtbar blass und in seinen Augen glühte das Feuer von Eifersucht und Wut. Die große Erregung ließ ihn an allen Gliedern zittern. In einer Hand hielt er eine Pistole und in der anderen ein Bowiemesser der größten und furchterregendsten Art.

Es war nur allzu offensichtlich, dass meine Befürchtungen begründet waren und dass Mr. Romaine die Intimität zwischen Anderson und seiner Frau entdeckt hatte.

Der Leser wird mir zustimmen, dass der „geschädigte Ehemann" wegen seiner Affäre mit der jungen und hübschen Witwe, Mrs. Raymond, ebenso schuldig war. – Wie viele Menschen neigen dazu, ihre eigenen Unvollkommenheiten aus den Augen zu verlieren, während sie die Fehler derer tadeln und streng bestrafen, die nicht im Geringsten schuldiger sind als sie selbst! Der schweinische Vielfraß verurteilt den Trunkenbold – der niederträchtige Verführer tadelt den Bordellbesucher – der Erzheuchler stellt den offenen, unverhohlenen Sünder zur Rede – und der reiche, geizige alte Schurke, dessen Reichtum ihn über die Möglichkeit stellt, jemals in Not zu geraten, der lieber „den Unschuldigen hängen würde, als sein Hammelfleisch kalt zu essen", und der einem armen Teufel keinen Cent geben würde, damit er nicht verhungert – dieser alte Schurke verurteilt vielleicht in seiner Eigenschaft als Richter einen Unglücklichen zu Gefängnis, den der Hunger in das „Verbrechen" getrieben hat, einen Laib Brot zu stehlen! Pfui! Meine Damen und Herren, entfernen Sie die *Balken* aus Ihren eigenen Augen, bevor Sie auf die *Splitter* in den Augen Ihrer Mitmenschen anspielen. Das ist *mein* Rat, kostenlos.

Als Mrs. Romaine ihren Mann in diesem wütenden und bedrohlichen Ton hereinkommen sah, fiel sie, von Angst und Scham überwältigt – denn sie wusste genau, dass ihre Schuld entdeckt worden war – bewusstlos zu Boden. Anderson, verwirrt und nicht wissend, was er sagen sollte, saß reglos da wie eine Statue – während ich mit fast zitternder Angst auf den Ausgang dieses höchst außergewöhnlichen Sachverhalts wartete.

Romaine war der Erste, der das Schweigen brach, und er sprach in einem Tonfall, der angesichts seiner körperlichen Erregung bemerkenswert ruhig klang.

„Nun, Sir", sagte er zu Anderson, „Sie amüsieren sich prächtig – Sie trinken meinen Wein, verschlingen meine Vorräte und lieben meine Frau in ihrem eigenen Schlafzimmer. Anderson, seit einiger Zeit verdächtige ich Sie und Harriet, sich krimineller Intimität schuldig gemacht zu haben. Ich habe Ihre geheimen Zeichen bemerkt und die Sprache Ihrer Augen gelesen und interpretiert, wann immer Sie und sie in meiner Gegenwart Blicke ausgetauscht haben. Sie beide hielten mich für einen schwachen Narren, zu blind und dumm, um Ihren ehebrecherischen Verkehr zu bemerken; aber jetzt bin ich gekommen, um Sie davon zu überzeugen, dass ich ein Mann bin, der in der Lage ist, seine zerstörte eheliche Ehre zu rächen!"

Anderson, der ein gewisses Maß seiner gewohnten Selbstbeherrschung wiedererlangte, bemerkte:

„Ihre Anschuldigung, Sir, ist ungerecht. Ihre Frau und ich sind Freunde und nichts weiter. Sie hat mich eingeladen, heute Abend mit ihr hier zu Abend zu essen, und das ist alles. Wenn unsere Absichten krimineller Natur gewesen wären, hätten wir dann die Anwesenheit einer dritten Person in Anspruch genommen?"

Mit diesen Worten deutete Anderson auf mich, doch Romaine wandte sich weiter an den Liebhaber seiner Frau, ohne mich überhaupt zu beachten.

„Anderson, Sie sind ein Lügner, und die Unwahrheiten, die Sie ausgesprochen haben, dienen nur dazu, Ihre Schuld zu vergrößern und mich in meinem Entschluss zu bestärken, Sie und die schuldige Frau, die dort drüben liegt, zu opfern. Kann ich dem Zeugnis meiner eigenen Augen nicht trauen? Muss ich ins Detail gehen und sagen, dass Sie letzte Nacht, ungefähr um diese Zeit, in der Küche – ha! Sie werden blass – Sie zittern – Ihre Schuld ist bekannt. Ich hätte Sie letzte Nacht getötet, Anderson, aber ich hatte nicht die Waffen. Dieses Messer und diese Pistole habe ich heute gekauft, *und ich werde sie benutzen*!

*Hure* wiederzubeleben, denn ich möchte mit ihr sprechen, bevor sie stirbt!"

Anderson gehorchte mechanisch. Er legte die bewusstlose Gestalt von Mrs. Romaine auf ein Sofa, besprengte ihr Gesicht mit Wasser und sie kam bald wieder zu Bewusstsein. Ein paar Augenblicke lang blickte sie wild um sich; und dann, als ihr Blick auf ihren Mann fiel und sie die schrecklichen Waffen sah, mit denen er bewaffnet war, bedeckte sie ihr Gesicht mit den Händen und zitterte in furchtbarer Angst, denn sie wusste, dass ihr Leben in der größtmöglichen Gefahr schwebte.

Romaine wandte sich nun in einem ruhigen Ton an seine Frau, der unter den gegebenen Umständen weitaus schrecklicher war als der heftigste Ausbruch von Leidenschaft:

„Harriet", sagte er, „ich verstehe jetzt vollkommen, warum Sie darum gebeten haben, ein separates Apartment beziehen zu dürfen. Sie wollten eine Gelegenheit, Ihre zügellosen Neigungen ohne jede Zurückhaltung zu befriedigen. Frau, warum haben Sie mich so behandelt? Habe ich diese schändliche Behandlung verdient? Habe ich Sie jemals unfreundlich behandelt oder ein hartes Wort zu Ihnen gesagt? Glauben Sie, dass ich die Hörner, die Sie und Ihr Liebhaber mir auf die Stirn gepflanzt haben, brav tragen werde? Glauben Sie, dass ich es zulassen werde, dass ich zum Gegenstand der Verachtung gemacht werde und dass eine höhnische Gemeinde auf mich zeigt und mich verspottet?"

„Verzeihen Sie mir", murmelte die unglückliche Frau. „Ich werde nicht wieder sündigen. Ich gebe zu, dass ich eine schwere Sünde begangen habe, aber nur der Himmel weiß, wie aufrichtig ich sie bereue."

„Deine Reue kommt zu spät", sagte Romaine heiser. „Der Himmel mag dir vergeben, aber *ich* werde es nicht tun! Du sagst, du wirst mich nicht wieder beleidigen. Nachdem du mein Glück, meinen Seelenfrieden und meine Ehre für immer zerstört hast, *wirst du mich nicht wieder beleidigen* ! Du sollst keine Gelegenheit dazu haben, elende Frau. Du sollst deine Schande nicht länger überleben. Du und der Partner deiner Schuld müsst sterben!"

Mit diesen Worten spannte Romaine seine Pistole und näherte sich seiner Frau. In einem leisen, wilden Ton, der die verzweifelte Absicht seines Herzens verriet, sagte er:

*Blei* oder durch *Stahl* sterben ?"

Die unglückliche Frau warf sich auf die Knie und rief:

„Hab Gnade, Mann – hab Gnade! Töte mich nicht, denn ich bin nicht bereit zu sterben!"

*Jetzt* nennst du mich Ehemann – du, der du mich so lange abgelehnt hast, als Ehemann anzunehmen. Komm – ich kann es kaum erwarten, dein Blut und das deines Liebhabers zu vergießen. Sprich ein kurzes Gebet zum Himmel um Gnade und Vergebung und übergib dann deinen Körper dem Tod und deine Seele der Ewigkeit!"

Mit diesen Worten hob der verzweifelte und halb verrückte Mann das blitzende Messer in die Höhe. Die arme Frau Romaine stieß einen Schrei aus, und bevor sie ihn wiederholen konnte, fuhr das Messer mit der Geschwindigkeit eines Blitzes herab und durchbohrte ihr Herz. Ihr Blut spritzte über ihr weißes Kleid, und sie sank zu Füßen des Mörders nieder, eine leblose Leiche!

Vor Entsetzen gelähmt, konnte ich weder sprechen noch mich rühren. Auch Anderson stand reglos da, wie ein Vogel, der dem faszinierenden Blick einer

Schlange ausgesetzt ist. Trotz der schrecklichen Gefahr, in die er sich begab, schien er wie angewurzelt zu stehen und nicht imstande, auch nur einen Versuch zu unternehmen, sich durch Widerstand oder Flucht zu retten.

Die Szene war höchst außergewöhnlich, aufregend und schrecklich. Das luxuriöse Zimmer – die verlöschende Lampe – der Mörder, der das blutige Messer in der Hand hielt – der verdammte Anderson, dessen Seele am Rande des furchtbaren Abgrunds der Ewigkeit zitterte; all dies vereinte sich zu einem Schauspiel von höchst seltsamer und entsetzlicher Art.

Romaine hob nun seine Pistole und zielte gezielt auf Anderson. Er sagte:

„Meine Arbeit ist erst zur Hälfte erledigt. Jetzt sind *Sie* an der Reihe! Sind Sie bereit?"

„Erschießen Sie mich nicht wie einen Hund", flehte der unglückliche junge Mann, der, um ihm gerecht zu werden, eine beträchtliche Menge Mut besaß – „geben Sie mir wenigstens *eine* Chance, mein Leben zu retten. Wenn ich Ihnen Unrecht getan habe, und ich gestehe offen, dass ich das habe, bin ich bereit, Ihnen die Genugtuung eines Gentleman zu geben. Geben Sie mir eine Pistole, stellen Sie mich auf eine Stufe mit Ihnen, und wir werden die Angelegenheit regeln, wie es sich für Ehrenmänner gehört. Dieser Junge hier wird Zeuge der Angelegenheit sein."

Auf diesen Vorschlag antwortete Romaine verächtlich:

„Ich bewundere Ihre Zuversicht, Sir. – Nachdem Sie die Frau verführt haben, wollen Sie eine Gelegenheit haben, den Mann zu erschießen. Nun, da ich ein entgegenkommender Mann bin, soll es so sein, wie Sie sagen, denn ich bin des Lebens überdrüssig und kümmere mich nicht darum, getötet zu werden. Aber ich habe keine andere Pistole. Warten Sie! – Stellen Sie sich vor, wir *werfen* eine Münze in den Raum und entscheiden so, wer von uns diese Waffe mit dem Privileg erhält, sie zu benutzen. Hier ist ein Vierteldollar; ich werde ihn in die Luft werfen, und wenn er auf den Boden fällt und die *Spitze oben* ist , gehört die Pistole *mir* ; aber wenn die *Spitze* oben ist, gehört die Pistole *Ihnen* . Ich warne Sie, wenn ich gewinne, werde ich Ihnen keine Gnade zeigen; und wenn Sie gewinnen, werde ich auch keine von Ihnen erwarten. Sind Sie damit einverstanden?"

„Das tue ich", antwortete Anderson bestimmt, „und ich danke Ihnen für Ihre Fairness."

Romaine warf die Münze hoch, die durch die Luft wirbelte und auf dem Teppich landete. Wie seltsam, dass es nun diese unbedeutende Münze war, die darüber entscheiden sollte, welcher der beiden Männer sterben musste!

Romaine nahm seelenruhig die schwache Lampe vom Tisch und kniete in einer Blutlache seiner Frau auf dem Teppich nieder.

„Passen Sie gut auf mich auf und achten Sie darauf, dass ich die Münze nicht berühre", sagte er, während er sich eifrig über den lebensentscheidenden Vierteldollar beugte.

Wie mein Herz in diesem Moment schlug und was muss das für ein Gefühl für den armen Anderson gewesen sein!

*„ Der Kopf ist oben, und ich habe gewonnen! "*, flüsterte Romaine heiser. „Kommen Sie und überzeugen Sie sich selbst."

„Ich bin zufrieden, Ihr Wort genügt", sagte Anderson schaudernd, verschränkte die Arme vor der Brust und schien sich seiner tiefen Verzweiflung hinzugeben.

Romaines blasses Gesicht nahm einen Ausdruck wilder Freude an, als er die Pistole hob und auf den Kopf seines beabsichtigten Opfers richtete und sagte:

„Dann, Sir, bleibt mir nichts anderes übrig, als die Gunst zu nutzen, die mir das Schicksal gewährt hat. Junger Mann, in fünf Sekunden werde ich feuern!"

„Warten Sie!", rief Anderson. „Ich habe eine Bitte an Sie, die Sie mir sicher nicht abschlagen werden. Bevor ich sterbe, möchte ich Ihnen noch ein paar Briefe schreiben und ein paar Notizen dazu machen, wie mit meinem Besitz verfahren werden soll. Es ist der letzte Wunsch eines Sterbenden."

„Es ist selbstverständlich", sagte Romaine, „dort, auf diesem *Schreibtisch* , liegen Schreibutensilien. Aber beeilen Sie sich, denn ich kann es kaum erwarten, diese unangenehme Angelegenheit zu Ende zu bringen."

Anderson setzte sich und begann schnell zu schreiben. Ich hätte am liebsten hinausgerannt und Alarm geschlagen, damit die drohende Tragödie abgewendet werden konnte; aber ich fürchtete, jede Bewegung meinerseits könnte dazu führen, dass mir eine Kugel durch den Kopf schießt, und deshalb blieb ich ruhig, und ich bin sicher, kein vernünftiger Leser wird mir dafür Vorwürfe machen.

Armer Anderson! Tränen strömten aus seinen Augen und rannen seine Wangen hinab, während er einen der Briefe schrieb, der, wie ich später herausfand, an eine junge Dame gerichtet war, mit der er verlobt war. Er schrieb zwei Briefe, faltete, versiegelte und adressierte sie; diese gab er mir mit den Worten:

„Seien Sie so freundlich, diese Briefe den Adressaten zu überbringen. Versprechen Sie mir, dies zu tun?"

Ich versprach es ihm natürlich. Er schüttelte mir die Hand und verabschiedete sich von mir. Dann wandte er sich ruhig Romaine zu und verkündete, dass er bereit sei zu sterben. Bis zu diesem Moment hatte ich versucht, mir einzureden, dass Andersons Leben verschont bleiben würde, da ich dachte, Romaine müsse genug Blut gehabt haben, nachdem er seine Frau auf diese barbarische Weise ermordet hatte. Aber ich war dazu verdammt, schrecklich enttäuscht zu werden. Kaum hatte Anderson die Worte „Ich bin bereit zu sterben" gemurmelt, als Romaine den Abzug der erhobenen Pistole drückte und der junge Kaufmann tot zu Boden fiel, die Kugel hatte sein Gehirn durchdrungen.

„Jetzt bin ich zufrieden, denn ich habe mich gerächt", sagte der Mörder kühl und wischte sich den Schweiß von der blassen Stirn.

„Blutrünstiger Schurke!", rief ich und konnte meine Empörung nicht länger zurückhalten. „Für die Tat dieser Nacht wirst du am Galgen hängen!"

„Nein", erwiderte Romaine ruhig, „denn ich habe nicht vor, dieses Massaker zu überleben, und das habe ich von Anfang an auch nicht getan. Ich war entschlossen, dass Anderson auf jeden Fall sterben sollte. *Er gewann die Pistole*, denn die Münze fiel mit dem Schwanz nach oben. Hätte er sich gebückt, um sie zu untersuchen, hätte ich ihm trotzdem das Gehirn weggeblasen. Aber horch! Die Pensionsgäste und Insassen des Hauses sind durch den Knall der Pistole aufgeschreckt worden und eilen hierher. Der Galgen – nein, nein, *das muss ich vermeiden*! Sie werden mich nicht lebend kriegen. Nun, möge der Himmel meiner schuldigen Seele gnädig sein! "

Mit diesen Worten ergriff der Unglückliche das Bowiemesser und stieß es sich ins Herz. Damit fügte er den beiden grausamen Morden, die er gerade begangen hatte, das Verbrechen des Selbstmords hinzu.

Kaum war dieser Höhepunkt der schrecklichen Tragödie erreicht, als eine Menge halb bekleideter und aufgeregter Menschen in den Raum strömte. Unter ihnen war auch die schöne Witwe, Mrs. Raymond. Als sie Romaines blutenden Leichnam auf dem Boden liegen sah, stieß sie einen durchdringenden Schrei aus und fiel bewusstlos zu Boden.

In dem Schrecken und der Verwirrung, die herrschten, blieb ich unbemerkt. Ich beschloss, das Haus zu verlassen und nie wieder zurückzukehren, denn ich fürchtete mich davor, als Zeuge vor die Öffentlichkeit gebracht zu werden, da ich Bekanntheit in jeglicher Form sehr hasse. (Der Leser mag über diese letzte Bemerkung lächeln; ich versichere ihm jedoch, dass mein häufiges Auftreten vor der Öffentlichkeit als Schriftsteller das Ergebnis der Notwendigkeit und nicht der Neigung war.)

Also verließ ich das Haus unbemerkt und nahm für den Rest der Nacht Unterkunft in einem Hotel. Aber ich konnte nicht schlafen, denn mein Geist war zu sehr mit den blutigen Szenen beschäftigt, deren Zeuge ich geworden war, als dass ich die Annäherung des „süßen Erfrischers der müden Natur" ertragen hätte können. Am Morgen stand ich früh auf und untersuchte den

Stand meiner Finanzen. Das Ergebnis dieser Untersuchung war sehr zufriedenstellend, denn ich stellte fest, dass ich im Besitz einer beträchtlichen Summe Geld war.

Ich ging bis Mittag durch die Stadt und war mir nicht sicher, was ich tun sollte. Ich hatte eine starke Lust zu reisen und die Welt zu sehen, aber ich konnte mich nicht entscheiden, in welche Richtung ich gehen sollte. Nach einem üppigen Abendessen bei Sandy Welchs „Terrapin Lunch" – einem der berühmtesten *Restaurants* der Zeit – gönnte ich mir einen besinnlichen Spaziergang den Broadway hinauf. Solche Gedanken gingen mir durch den Kopf: „Ich kann nicht umhin, meine gegenwärtige Situation mit der Situation zu vergleichen, in der ich mich vor drei Jahren befand. Damals war ich fast mittellos und frühstückte gern trockenes Brot an einer Straßenpumpe; jetzt habe ich dreihundert Dollar in der Tasche und habe gerade wie ein epikureischer Prinz gespeist. Damals trug ich grobe und billige Gewänder; jetzt trage ich die feinsten Gewänder, die man für Geld bekommen kann. Damals hatte ich kein Handwerk; jetzt habe ich einen Beruf, der mir eine unfehlbare Lebensgrundlage sein wird. Aber ach! Damals war ich vergleichsweise unschuldig und kannte die bösen Wege der Welt nicht; jetzt, obwohl erst fünfzehn Jahre alt, bin ich zu gründlich über alle Geheimnisse der städtischen Torheiten und Laster informiert. Egal: Es geht schließlich nichts über Erfahrung."

Ich tröstete mich mit dieser philosophischen Betrachtung und schlenderte weiter. Ein Zeitungsjunge kam vorbei und brüllte aus vollem Hals: „Hier ist die Sonderausgabe der *Sun* mit einem vollständigen Bericht über die beiden Morde und den Selbstmord gestern Abend in der William Street – nur einen Cent!" Natürlich kaufte ich mir ein Exemplar, und als ich den Bericht durchlas, musste ich angesichts der lächerlichen und absurden Übertreibungen, die er enthielt, lächeln. Es war eine perfekte moderne Tragödie von *Othello* , mit Romaine als Mohren, Mrs. Romaine als Desdemona und Anderson als einer Art Kreuzung zwischen Jago und Michael Cassio. Auf mich wurde in keiner Weise angespielt, was mich außerordentlich freute. [D]

Plötzlich fielen mir die beiden Briefe ein, die mir der unglückliche Anderson anvertraut hatte, und ich beschloss, sie sofort abzugeben. Einer war an einen Mr. Sargent in der Pine Street gerichtet . Ich fand bald den Ort, ein großes Handelsunternehmen. Über der Tür hing das Schild „ *Anderson & Sargent* ". Dies war das Geschäft des armen Anderson gewesen, und Sargent war sein Partner gewesen. Ich trat ein, fand Mr. Sargent im Kontor und übergab ihm den Brief. Er öffnete ihn, las ihn kühl durch, zuckte mit den Schultern und sagte:

„Ich bin bereits mit allen Einzelheiten dieser traurigen Angelegenheit vertraut gemacht worden. Anderson war ein kluger Kerl, und ich bedauere seinen Tod, obwohl sein Tod sicherlich meinen Interessen dienen wird. In diesem Brief gibt er mir alle notwendigen Anweisungen zur Verfügung seines Eigentums und weist mich außerdem an, Ihnen die Summe von zweihundert Dollar zu überreichen, sowohl als Anerkennung Ihrer Dienste als auch als Zeichen seiner Freundschaft. Ich werde umgehend einen Scheck über den Betrag ausstellen.“

Dieses Beispiel von Andersons Freundlichkeit und Großzügigkeit, fast im Augenblick seines Todes, hat mich zutiefst berührt. Gleichzeitig konnte ich nicht anders, als Abscheu vor Sargents Herzlosigkeit zu empfinden, der den tragischen Tod seines Partners lediglich als ein Ereignis betrachtete, das seinen eigenen Interessen diente.

Nachdem ich den Scheck erhalten hatte, zog ich mich aus der erhabenen Gegenwart von Mr. Sargent zurück, einem großen, dünnen, hakennasigen Mann mit ungesundem Aussehen und schroffen Manieren. Ich hob das Geld bei der Bank ab und beeilte mich dann, den anderen Brief abzugeben, der an Miss Grace Arlington adressiert war, deren Wohnsitz sich an einem der schicken Plätze in der Oberstadt befand. Ich hatte keine Schwierigkeiten, das Haus zu finden, das von äußerst eleganter und aristokratischer Erscheinung war. Auf mein Klingeln an der Tür antwortete eine adrette Dienerin, die von meinem Anliegen erfuhr und mich in die Gegenwart ihrer Herrin führte. Miss Grace Arlington war eine sehr reizende und zarte junge Dame, deren sanfte Augen vor Zärtlichkeit und Feingefühl strahlten, deren Stimme so süß war wie die Musik einer Engelsharfe, während ihr Schritt so leicht war wie der einer Fee, deren winzige Füße die Blätter einer Rose nicht zerquetschen. Als ich ihr den Brief überreichte und sie die ihr wohlbekannte Handschrift erkannte, schenkte sie mir ein gewinnendes und dankbares Lächeln, das ich nie vergessen werde. Es tat mir leid, als sie das Schreiben öffnete, denn ich konnte seinen Inhalt gut erraten; und ich machte mir beinahe Vorwürfe, der Überbringer solch böser Nachrichten zu sein. Ich beobachtete sie aufmerksam beim Lesen. Sie war von Natur aus etwas blass, aber ich sah, wie ihr Gesicht leichenblass wurde, bevor sie zwei Zeilen gelesen hatte. Als sie den verhängnisvollen Brief durchgelesen hatte, presste sie ihre Hand auf ihre Brust, murmelte „Oh Gott!“ und wäre zu Boden gefallen, wenn ich sie nicht in meine Arme genommen hätte.

„Verflucht sei meine Dummheit!“, murmelte ich, als ich ihren bewusstlosen Körper auf ein Sofa legte. „Ich hätte sie langsam auf die schreckliche Nachricht vorbereiten sollen, die, wie ich wusste, in diesem Brief stand!“

Ich klingelte wütend, und auf die fast ohrenbetäubende Vorladung antworteten ein halbes Dutzend weibliche Bedienstete, die, als sie den

Zustand ihrer jungen Herrin sahen, einen lauten Schreichor anstimmten. Der Aufruhr brachte Mr. Arlington, den Vater der jungen Dame, an den Ort des Geschehens. Er war ein gutaussehender alter Herr, ein pensionierter Kaufmann und Millionär . Ich beeilte mich, ihm alles zu erklären, was geschehen war, und Andersons Brief, der auf dem Boden lag, bestätigte meine Aussagen. Mr. Arlington war entsetzt, denn er und seine Tochter hatten bis zu diesem Moment glücklicherweise nichts von der blutigen Angelegenheit gewusst. Der alte Herr hatte Anderson zunächst ins Geschäft eingeführt, und er hatte mit diesem unglücklichen jungen Mann immer die wärmste Freundschaft gepflegt. Kein Wunder also, dass er überwältigt war, als er vom tragischen Ende dessen erfuhr, von dem er erwartet hatte, er würde so bald sein Schwiegersohn werden.

Man ließ einen berühmten Arzt rufen, der nebenan wohnte. Er war zufällig zu Hause und kam fast augenblicklich. Er kniete neben dem Mädchen nieder, das am Boden zerstört war, und als seine Finger ihr Handgelenk berührten, legte sich ein Ausdruck tiefer Trauer auf sein wohlwollendes Gesicht.

„Nun, Doktor", rief Mr. Arlington atemlos aus, „was ist mit meinem Kind los? Sie wird doch bald wieder gesund, oder nicht? Es ist nur ein Ohnmachtsanfall, der durch den Erhalt unwillkommener Nachrichten ausgelöst wurde."

„Ach, Sir!", antwortete der Doktor in einem Ton tiefen Mitgefühls, während er sich die Tränen aus den Augen wischte. „Ich kann Ihnen die traurige Wahrheit auch gleich sagen. Der plötzliche Schock, den die unwillkommenen Nachrichten, von denen Sie sprechen, verursacht haben, hat sich als tödlich erwiesen; Ihre Tochter ist tot!"

Der arme alte Arlington taumelte zu einem Sitz, bedeckte sein Gesicht mit den Händen und stöhnte in seiner Seelenpein. Trotz all seines Reichtums tat er mir so leid!

Als ich sah, dass ich überhaupt nicht helfen konnte, verließ ich das Trauerhaus und ging in sehr nachdenklicher Stimmung in die Stadt. Ich hatte bereits begonnen, eine Erfahrung zu machen, wie sie nur wenige Jugendliche von fünfzehn Jahren jemals machen müssen, und ich fragte mich, was die düstere, ungewisse Zukunft für mich bereithielt.

Wie der Leser jedoch im nächsten Kapitel sehen wird, ließ ich es nicht lange zu, dass melancholische Betrachtungen in meinen Geist drangen.

### FUßNOTEN:

[D] Viele meiner New Yorker Leser werden sich an die „William Street-Tragödie" erinnern, auf die ich angespielt habe. Das blutige Ereignis sorgte damals für größte Aufregung. Da ich selbst Zeuge dieses schrecklichen Vorfalls war, habe ich alle Fakten dazu wahrheitsgetreu wiedergegeben.

# KAPITEL IV

*In diesem Brief begab ich mich auf die Reise und erlebte ein großes Unglück.*

Da ich über viele Mittel verfügte, beschloss ich, das Leben in vollen Zügen zu genießen, so gut ich konnte, denn ich erinnerte mich an die anmutigen Worte des bezaubernden Dichters, der sang:

„Mach es, solange du jung bist: Denn wenn Sie alt werden, können Sie das nicht mehr!"

Da sehe ich mich, im Alter von fünfzehn Jahren, in alle Ausschweifungen einer verdorbenen und zügellosen Stadt verwickelt! Ich mache diese Geständnisse nicht ohne Schamgefühl, aber die Wahrheit zwingt mich dazu. Ich wurde bald gründlich in alle Geheimnisse des hohen und niedrigen Lebens in New York eingeweiht. Auf meinen täglichen und nächtlichen Wanderungen begegnete ich häufig meinem alten Freund Jack Slack; wir sprachen nie miteinander, sondern sahen uns im Gegenteil mit Blicken der Feindseligkeit und Herausforderung an. Immer stärker wurde in mir die Vorahnung, dass dieser mysteriöse junge Mann dazu bestimmt war, mein böser Geist und die Ursache eines großen Unglücks zu werden. Daher konnte ich nicht anders, als vor Angst zu schaudern, wann immer ich ihn traf.

So vergingen drei Jahre, und ich war achtzehn Jahre alt, mit einer unbeeinträchtigten Konstitution und dem festen Glauben, dass ich dazu bestimmt war, ewig zu leben. Ich hatte luxuriös von den Einkünften meiner Feder gelebt, denn ich war regelmäßiger Mitarbeiter des Knickerbroker Magazine und anderer populärer Zeitschriften. Nachdem ich trotz meiner Extravaganz beträchtliches Geld angehäuft hatte, beschloss ich, eine Südstaatentour zu unternehmen und Philadelphia, Washington und andere bedeutende Städte zu besuchen. So fand ich mich eines schönen Tages in komfortablen Quartieren im vornehmsten Hotel der „Stadt der brüderlichen Liebe" wieder. Ich wurde ein regelmäßiger Besucher der Theater und anderer Vergnügungsstätten und lernte viele Schauspieler und Literaten kennen. Hier hatte ich die Ehre, Booth, den inzwischen verstorbenen großen Tragödiendichter, kennenzulernen, sowie „Ned Forrest", den amerikanischen Liebling; an „Onkel" JR Scott, einen der feinsten Männer, die je ein Glas Bier getrunken oder ein Dutzend roh gegessen haben, und an Major Richardson, den Autor von „Wacousta" und „Monk Knight of St. John", wobei letzterer eines der wollüstigsten Werke ist, die je geschrieben wurden. Armer Major! Er nahm ein trauriges Ende. Er war früher Major in der britischen Armee und ein Gentleman von Geburt, Erziehung und Grundsätzen. Er war ein feiner Mensch, hatte ein großzügiges Herz und die gewinnendsten Manieren und war bei seinen Kollegen allgemein beliebt. Er wurde das Opfer habgieriger Verleger und verarmte. Zu stolz, um Hilfe von seinen Freunden anzunehmen, zog er sich in eine abgelegene Unterkunft zurück und versuchte dort, sich von den Erzeugnissen seiner Feder zu ernähren. Aber sein Geist war gebrochen und sein Intellekt erdrückt durch die niederträchtige Undankbarkeit derer, die seine wärmsten Freunde hätten sein sollen. Oft habe ich ihn in seiner Dachkammer besucht – denn er bewohnte tatsächlich eine; und mit einer Flasche Whisky vor uns haben wir die Welt als voller Selbstsucht, Undankbarkeit und Niedertracht verurteilt. Der Winter kam und der Major hatte weder Brennmaterial noch die Mittel, sich welches zu beschaffen. Ich habe ihn wiederholt besucht und ihn in der bitterkalten Atmosphäre seiner elenden Wohnung sitzend vorgefunden, in eine Decke gehüllt und eifrig am Schreiben mit einer Hand, die blau war und vor Kälte zitterte. Er lehnte entschieden jede Hilfe von seinen Freunden ab, und sie mussten mit traurigem Herzen seinem allmählichen Verfall zusehen. Der tapfere Major leugnete immer, dass er irgendetwas brauchte; er schwor, dass seine Dachkammer der bequemste Ort der Welt sei und dass es absurd gewesen wäre, ein Feuer zu machen; er beteuerte immer mit einem militärischen Eid, dass er „wie ein Kampfhahn" lebe und beim Abendessen nie ohne seine Flasche Wein sei; doch einmal traf ich ihn ziemlich unerwartet und fand ihn beim Essen einer Brotkruste und eines roten Herings. Manchmal, aber selten, trat er im Theater auf und war bei solchen Gelegenheiten immer peinlich genau gekleidet, denn Major Richardson trat im Ausland nie anders als als Gentleman auf. Not, Entbehrung und Enttäuschung übermannten ihn schließlich; er wurde dünn, hager, melancholisch und verschlossen und schreckte von Besuchen seiner Freunde ab, die sich gerne in seiner bescheidenen Unterkunft versammelten und seine hervorragenden Gesprächsfähigkeiten nutzten oder seinen persönlichen Erinnerungen und schlüpfrigen Anekdoten aus dem Militärleben lauschten. Eines Morgens wurde er tot in seinem Bett aufgefunden; und sein Tod verursachte tiefste Trauer in der Brust aller, die ihn so kannten, wie er es verdiente, und die ihn für seine vielen hervorragenden Eigenschaften des Kopfes und des Herzens respektierten. Seine sterblichen Überreste wurden schön und angemessen bestattet; und viele Tränen wurden über dem Grab dessen vergossen, der ein tapferer Soldat und ein gefeierter Autor gewesen war, aber ein wahrhaft ungerecht behandelter und höchst unglücklicher Mann.

Der Leser wird mir diesen Exkurs sicher verzeihen, denn ich wollte dem Andenken eines hochgeschätzten Freundes und literarischen Bruders gerecht werden. Ich kehre nun zum direkten Verlauf meiner Erzählung zurück und komme zum dunkelsten Teil meiner Laufbahn.

Eines Abends hatte ich in einem Billardzimmer eine sehr unangenehme Begegnung mit einem alten Bekannten. An einem der Tische bemerkte ich einen jungen Mann, dessen Gesicht mir seltsam vertraut vorkam, obwohl ich ihn nicht sofort erkannte. Er war extrem modisch gekleidet und seine Oberlippe war von einem beginnenden Schnurrbart dunkel gefärbt – zweifellos das Ergebnis vieler Monate fleißiger Pflege. Er hatte eine Zigarre im Mund und einen Billardstock in der Hand; und er schmückte seine Unterhaltung mit den extravagantesten Flüchen. Insgesamt schien er ein sehr „schneller" junger Mann zu sein; und ich zerbrach mir den Kopf darüber, wo ich ihn schon einmal getroffen hatte.

Plötzlich hob er den Blick, und unsere Blicke begegneten meinen. Da wunderte ich mich, dass ich „meinen alten Freund", Jack Slack, nicht schon früher erkannt hatte!

„Dieser Kerl ist mein böser Geist; er folgt mir überall hin", dachte ich und drehte mich um, um den Salon zu verlassen. Wäre ich doch nie hineingegangen! Aber jetzt sind Reuegefühle sinnlos.

Jack folgte mir und hielt mich zurück. Ich sah sofort, dass Ärger im Anmarsch war.

„Grünschnabel", sagte Jack mit einem Anflug von zornigem Vorwurf und legte seine Hand auf meine Schulter, „warum meidest du mich so ständig? Was in aller Welt habe ich getan, um diese Behandlung zu verdienen? Habe ich dich jemals in irgendeiner Weise verletzt? Verdammt, wir sind gleich alt und gleich veranlagt – lass uns Freunde sein. Ich kann dir in dieser Stadt die Möglichkeit geben, die schönste Art von Sport zu genießen. Gib mir deine Hand und lass uns zur Bar gehen und ein geselliges Getränk zu uns nehmen."

"Jack", sagte ich ernst und sehr ruhig, "ich werde Ihnen aus Freundschaft die Hand schütteln, aber ich gestehe offen, dass ich Sie nicht mag, und ich glaube, dass es für uns beide besser ist, überhaupt keinen Umgang miteinander zu haben. Sehen Sie mir zu! Ich hege keine Grollgefühle gegen Sie. Sie sind ein kluger Kerl und überaus großzügig, aber etwas flüstert mir zu, dass wir keine Gefährten sein sollten, und ich bitte Sie daher respektvoll, nicht mehr mit mir zu sprechen. Gute Nacht." [E]

Ich wandte mich zum Gehen, aber Jack stellte sich mir in den Weg und sagte mit vor Leidenschaft heiserer Stimme:

„Bleiben Sie und hören Sie mir zu. Wir dürfen uns nicht auf diese Weise trennen. Glauben Sie, dass ich mich brav so schändlich *beleidigt fühlen werde* ? Glauben Sie, dass ich das Objekt eines unbegründeten und lächerlichen Vorurteils bleiben werde? Erklären Sie sich und entschuldigen Sie sich, sonst wird es, bei Gott, noch schlimmer für Sie!"

„Erklären Sie es mir – entschuldigen Sie sich!“, wiederholte ich verächtlich. „Sie sind ein Narr und wissen nicht, mit wem Sie sprechen. Lassen Sie mich gehen.“

„Nein!“, schrie mein wütender Gegner, der etwas betrunken war, leidenschaftlich – „Sie müssen bleiben und mir zuhören. Ich kann die Maske auch gleich abwerfen. Wissen Sie also, dass ich Sie wie die Hölle hasse und dass ich, als ich Sie das erste Mal sah, beschloss, Sie so schlimm zu machen wie mich selbst. Deshalb habe ich Sie dazu gebracht, zu trinken und anrüchige Orte zu besuchen. Die kühle Verachtung, mit der Sie mich immer behandelt haben, hat meinen Hass verzehnfacht. Ich dürste nach Rache, und *ich werde Sie noch fertigmachen!*“

„Tu dein Schlimmstes“, sagte ich verächtlich und versuchte erneut, mich zu verabschieden. Während des Streits hatten sich inzwischen die Stammgäste des Wirtshauses versammelt und schienen die Szene sehr zu genießen.

„Wenn er dir irgendeinen Anstoß gegeben hat, Jack, warum gehst du dann nicht auf ihn los?“, schlug ein halb betrunkener Kerl vor, der den beneidenswerten Ruf eines äußerst erfahrenen Taschendiebs hatte.

Jack nahm unglücklicherweise diesen Vorschlag an und schlug mich mit aller Kraft. Ich erwiderte den Schlag natürlich mit ganz passabler Wirkung. Hätte der Streit mit bloßen *Faustschlägen begonnen und geendet*, wäre alles gut gewesen, und ich müsste jetzt nicht die Einzelheiten einer blutigen Tragödie niederschreiben.

Jack zog ein Dolchmesser aus seiner Brust und griff mich mit äußerster Wut an. Dann tat ich, was jeder andere in meiner Lage getan hätte – ich handelte zu meiner eigenen Verteidigung. „Selbstverteidigung “ wird allgemein als „erstes Naturgesetz“ anerkannt. Da stand ich, ein Fremder, der von einem jungen Mann, der mit einer gefährlichen Waffe bewaffnet war, brutal angegriffen wurde und von seinen Freunden und Gefährten umgeben war – einer verzweifelten Gruppe, die bereit schien, bei der Aufgabe, mich zu vernichten, mitzuhelfen.

Ich zog rasch eine Pistole aus meiner Tasche, ohne die ich damals nie reiste. Bevor ich sie jedoch spannen und ausrichten konnte, schlug mir mein wütender Feind sein Dolchmesser ins Gesicht, und die Spitze drang in mein rechtes Auge ein. Zum Glück durchbohrte die Waffe nicht mein Gehirn und verursachte meinen sofortigen Tod.

Wahnsinnig vor lauter Schmerzen und in dem Glauben, tödlich verwundet zu sein, hob ich die Pistole und feuerte ab. Jack Slack fiel zu Boden, eine Leiche, sein Kopf war in Stücke zerschmettert. *Ich habe diese Tat nie bereut.*

Ein Schrei des Entsetzens und der Bestürzung entrang sich den Lippen aller Anwesenden, als sie Zeugen dieser schrecklichen, aber gerechtfertigten Vergeltung wurden.

„Meine Herren", sagte ich, während mir das Blut übers Gesicht rann, „ich fordere Sie alle auf, zu bezeugen, dass ich diesen jungen Mann aus Selbstverteidigung erschlug . Er trieb mich zur Tat, und ich konnte es nicht verhindern. Ich bin bereit und bestrebt, mich der Entscheidung einer Jury aus meinen Landsleuten zu unterwerfen; schicken Sie daher nach einem Offizier, und ich werde mich freiwillig in seine Obhut begeben."

Kaum hatte ich diese Worte ausgesprochen, als ich aufgrund der entsetzlichen Qualen, die ich erlitt, ohnmächtig wurde. Als ich wieder zu mir kam, fand ich mich in einer Gefängniszelle wieder, mit einem Verband über meinem beschädigten Auge und einem Arzt, der meinen Puls fühlte.

„Ah!", sagte ich und sah mich um. „Ich sehe, ich befinde mich in *der Schwebe* . Nun, ich fürchte nicht, was dabei herauskommt. Aber, Doktor, bin ich ernsthaft verletzt? Werde ich wahrscheinlich ins Gras beißen?"

„Überhaupt nicht", war die ermutigende Antwort des Arztes, „aber Sie haben Ihr Augenlicht verloren."

„Oh, ist *das* alles?", sagte ich lachend. „Also, ich glaube, irgendwo in der Bibel steht, dass es besser ist, mit einem Auge ins Himmelreich einzugehen, als mit zweien zum Teufel zu gehen."

Der Arzt ging nach Hause und ich machte mich auf ins Land der Träume. Die Schmerzen meiner Wunde hatten deutlich nachgelassen und ich schlief ganz bequem.

Ich war schon immer ein Philosoph, was das Ertragen der Übel des Lebens angeht, und ich versuchte, mich mit meinem Unglück und meiner Situation so gut wie möglich abzufinden. Das gelang mir viel besser, als man hätte erwarten können. Wenn jemand ein Auge verliert und gleichzeitig wegen der Tötung eines anderen Menschen ins Gefängnis kommt, ist es natürlich, dass dieser Unglückliche der Verzweiflung nachgibt; aber als ich die Sinnlosigkeit der Trauer erkannte, beschloss ich, mich mit all meinem Mut der Sache zu stellen.

Zwei oder drei Tage vergingen, und ich war fast wieder gesund – denn, um einen geläufigen Ausdruck zu verwenden, ich hatte die Konstitution eines Pferdes. Die Zeitungen, die ich verschicken und kaufen durfte, machten mich mit etwas vertraut, das mich ziemlich überraschte, denn sie teilten mir mit, dass Jack Slack, der junge Herr, dem ich eine Eintrittskarte in die andere Welt überreicht hatte, eine Person war, deren *wirklicher* Name John Shaffer, *alias* Slippery Jack, *alias* Jack Slack, war. Sein Beruf war der eines

Taschendiebs, in einem Beruf, in dem er immer außerordentlich erfahren gewesen war. Er war der Polizei gut bekannt und war häufig im Gefängnis gewesen. Ich war erfreut zu sehen, dass die Zeitungen alle meine Taten rechtfertigten und meine ehrenhafte Entlassung aus der Haft vorhersagten. Diese Vorhersage erwies sich als richtig; denn nachdem ich eine Woche in Haft verbracht hatte, erhob die Grand Jury keine Anklage gegen mich, und ich wurde folglich freigelassen.

Ich hatte genug von Philadelphia und ging nach Washington. Ein mir gut bekannter New Yorker Kongressabgeordneter bot mir an, mir die „Löwen" zu zeigen, und ich hatte die Ehre, Herrn Van Buren und anderen angesehenen offiziellen Persönlichkeiten persönlich vorgestellt zu werden. Manche Leute wären überrascht, wenn sie wüssten, wie ausgelassen die „Würdenträger der Nation" in Washington sind.

Ich habe mehr als ein Mitglied des US-Senats durch die Straßen wanken sehen, der Leser wird sich leicht ausmalen können, warum. Ich habe gesehen, wie ein großer Staatsmann, der inzwischen verstorben ist, von einem Tisch nach dem Abendessen in sein Büro getragen wurde. Ich habe gesehen, wie der ehrenwerte Sekretär eines der nationalen Ministerien in einem Bordell in eine Schlägerei verwickelt war. Ich habe Abgeordnete gesehen, die sich in einer Kneipe wie Rowdys prügelten, und ich habe gehört, wie sie Ausdrücke verwendeten, die selbst einem betrunkenen Bettler Schande bereiten würden. Ich brauche nicht auf die vielen unerhörten Szenen hinzuweisen, die sich in den Räten der Nation abgespielt haben; denn die Zeitungen haben ihnen bereits genügend Publizität verschafft.

Ich verließ Washington und reiste nach Süden , und nach vielen Abenteuern, die ich im Rahmen dieses Werks nicht beschreiben kann, kam ich in die Stadt New Orleans. Es fiel mir nicht schwer, eine lukrative Stelle als Reporter bei einer beliebten Tageszeitung zu ergattern, und ich hatte freien Zugang zu allen Theatern und anderen Vergnügungsstätten. Ich blieb nur ein Jahr in New Orleans, aber da mir das Klima nicht gefiel und ich außerdem feststellte, dass ich zu „ *schnell* " lebte und kein Geld anhäufte, beschloss ich, meine Zelte abzubrechen und nach Norden aufzubrechen. Also kehrte ich nach Philadelphia zurück.

Es wäre für mich viel besser gewesen, wenn ich in New Orleans geblieben wäre, denn als ich dort ankam, herrschten in der „Quäkerstadt" die härtesten Zeiten. Es war fast unmöglich, irgendeine Art von Arbeit zu finden, und viele Schauspieler, Autoren und Künstler sowie Handwerker waren verdammt „knapp". Ich hatte bald den Inhalt meiner Börse aufgebraucht und „fing an, Not zu leiden" wie der verlorene Sohn.

Eines schönen Tages wanderte ich in sehr trostloser Stimmung durch eine dunkle Straße, als ich einer ehemaligen Bekannten begegnete, die der Leser, wie ich hoffe, nicht vergessen hat.

Doch die Einzelheiten dieser unerwarteten Begegnung und die Details dessen, was anschließend geschah, wären ein eigenes Kapitel wert.

## FUßNOTEN:

[E] Es ist merkwürdig, aber wahr, dass ich einige Nächte vor den tragischen Ereignissen, die ich hier schildern werde, in einem Traum eine perfekte und genaue Vorahnung der ganzen traurigen Angelegenheit sah! Wer kann dieses Geheimnis erklären?

# KAPITEL V

## *Ich traf eine Bekannte und wurde wie ein fahrender Ritter aus alten Zeiten zum Verfechter der Schönheit.*

Eine wohlklingende Stimme sprach meinen Namen aus, und als ich aufblickte, sah ich eine sehr hübsche Frau am Fenster eines eher bescheidenen Holzhauses sitzen, dessen Erdgeschoss als billiges Lebensmittelgeschäft genutzt wurde. Ich erkannte sofort meine alte Bekannte, Mrs. Raymond, die hübsche Witwe des eleganten Pensionats in der William Street in New York – sie hatte eine Affäre mit Mr. Romaine. Ich habe in einem früheren Kapitel die schreckliche Affäre beschrieben, bei der Romaine seine Frau und Anderson, ihren Liebhaber, tötete – und sich dann selbst tötete.

Ich brauche wohl kaum zu sagen, dass mich diese Begegnung mit Mrs. Raymond unter solch ungewöhnlichen Umständen ziemlich überraschte. Ich kannte sie als eine reiche Dame mit den elegantesten und anspruchsvollsten Geschmäckern, und doch fand ich sie hier in einem abgelegenen und verrufenen Teil der Stadt lebend und in einem Haus, in dem niemand außer den Opfern der Armut jemals zu wohnen bereit gewesen wäre.

„Warten Sie, bis ich herunterkomme und Sie die Treppe hinauf begleite“, sagte Mrs. Raymond und verschwand vom Fenster.

Nach wenigen Augenblicken öffnete sie die Tür, die in den oberen Teil des Hauses führte. Nachdem sie mir herzlich die Hand geschüttelt hatte, forderte sie mich auf, ihr zu folgen. Ich gehorchte und wurde in eine Wohnung im zweiten Stock geführt.

„Das ist mein Zimmer und mein einziges; lachen Sie nicht darüber“, sagte Mrs. Raymond mit einem melancholischen Lächeln.

Ich sah mich um. Das Zimmer war klein, aber peinlich sauber; und trotz der spärlichen und bescheidenen Einrichtung herrschte eine gewisse Vornehmheit darin. Ich habe schon oft bemerkt, dass es für eine Person, die an die Eleganz des Lebens gewöhnt war, unmöglich ist, in Bezug auf Vermögen oder Charakter so niedrig zu werden, dass sie jede Spur früherer Überlegenheit völlig verliert.

„Du kannst die Vase zerbrechen, du kannst sie ruinieren, wenn du willst, Aber der Duft der Rosen wird noch immer daran haften bleiben!"

Mrs. Raymonds Wohnung bestand lediglich aus einem schönen Tisch, zwei oder drei gewöhnlichen Stühlen, einem Schrank, einem Bett und einer Harfe – ein Relikt aus besseren und glücklicheren Tagen. Der teppichlose Boden war fast so weiß wie Schnee – und sicherlich konnte kein Schnee reiner oder weißer sein als der Stoff ihres schlichten Sofas.

Wir setzten uns – ich und meine schöne Gastgeberin – und begannen ein ernstes Gespräch. Ich musterte die Dame aufmerksam. Sie hatte nichts von ihrer früheren strahlenden Schönheit verloren, und ich hatte den Eindruck, dass ein Hauch von Melange ihren Charme noch verstärkte. Ihr Kleid war grob und schlicht, aber sehr ordentlich, wie alles andere um sie herum. Nie zuvor, im Laufe meiner recht umfangreichen Erfahrung, hatte ich eine interessantere und faszinierendere Frau gesehen; und nie werde ich jenen Tag vergessen, als wir zusammen in ihrem kleinen Zimmer saßen und das sanfte Sonnenlicht eines herrlichen Mainachmittags durch die Fenster hereinfiel.

"Es verfolgt mich noch immer, obwohl viele Jahre vergangen sind, Wie eine wilde Melodie."

„Mein lieber Freund", sagte Mrs. Raymond und begleitete ihre Worte mit einem Blick tiefsten Mitgefühls, „ich sehe, dass Ihnen ein großes Unglück widerfahren ist. Verzeihen Sie mir, wenn –"

„Sie sollen alles erfahren", sagte ich und erzählte ihr dann alles, was mir seit der Tragödie in der William Street widerfahren war. Natürlich versäumte ich es nicht, ihr alle Einzelheiten meiner tödlichen Auseinandersetzung mit Jack Slack zu erzählen, denn diese war der Grund für das „große Unglück", auf das sie angespielt hatte. Als ich meine Erzählung beendet hatte, seufzte die Dame tief und sagte:

„Ach, mein Freund, wir sind beide Opfer eines grausamen Unglücks geworden. Sie sehen mich heute mittellos und mittellos; ich, früher so reich, wurde umworben und bewundert. Haben Sie die Zeit und Geduld, sich meine traurige Geschichte anzuhören?"

Ich bejahte dies eifrig, und Mrs. Raymond sagte Folgendes:

„Nach dieser schrecklichen Affäre in der William Street – die Erinnerung daran lässt mir noch immer das Blut in den Adern gefrieren – nahm ich meinen Wohnsitz bei einer Privatfamilie am unteren Ende des Broadways. Bald lernte ich einen Herrn mit gutem Aussehen und angenehmer Art namens Livingston kennen, der den beneidenswerten Ruf eines reichen und ehrenhaften Mannes genoss. Ich war mit ihm zufrieden, und als er meine Vorliebe bemerkte, machte er heftige Liebe mit mir. Ich war es leid, das Leben einer alleinstehenden Frau zu führen – ich wollte mir einen Schutz sichern und eine ehrenhafte Ehefrau statt einer Geliebten werden – und wies ihn nicht zurück, denn er bewegte sich in den allerhöchsten Kreisen und schien in jeder Hinsicht unanfechtbar zu sein. Ich will Sie nicht mit den Einzelheiten unserer Brautwerbung langweilen; es genügt zu sagen, dass wir heirateten. Wir nahmen ein elegantes Haus in einer der Straßen in der

Oberstadt und eine Zeit lang lief alles gut. Nach einer Weile entdeckte ich, dass mein Mann überhaupt kein Vermögen hatte; aber ich liebte ihn zu sehr, um ihm Vorwürfe zu machen – und außerdem er hatte sich mir gegenüber nie als reicher Mann dargestellt; es waren die Kreise, in denen er sich bewegte, die ihm diesen Ruf verliehen hatten. Außerdem war ich der Meinung, dass mein Vermögen für uns beide ausreichte. Daher minderte die Entdeckung seiner Armut meine Wertschätzung für ihn nicht im Geringsten. Es dauerte nicht lange, bis mich die hohen Ansprüche, die er ständig an meine Börse stellte, beunruhigten; ich fürchtete, er sei in die Spielsucht verfallen ; und ich wagte es, ihm seine Extravaganz vorzuwerfen. Er gestand seinen Fehler, bat mich um Verzeihung und versprach Besserung. Natürlich vergab ich ihm; denn eine liebende Frau kann ihrem Mann alles verzeihen, außer *Untreue* . Aber er besserte sich *nicht* ; er setzte seine ruinöse Karriere fort und mein Vermögen schmolz dahin wie Schnee unter den Strahlen der Sonne. Der Mann hatte einen so unwiderstehlichen Einfluss auf mich, dass ich nie eine Bitte von ihm um Geld ablehnen konnte. Ich glaubte, dass er mich aufrichtig liebte, und das war mir genug – mehr verlangte ich nicht. Ich hegte romantische Vorstellungen von „Liebe in einer Hütte".

„Schließlich war mein Vermögen weg – unwiderruflich weg . ‚Das macht nichts‘, dachte ich, ‚ich habe noch meinen lieben Mann; nichts kann ihn mir je nehmen. Ich werde die Armut mit ihm teilen, und wir werden zusammen glücklich sein.‘ Wir gaben unser prächtiges Herrenhaus auf, verkauften unsere prächtigen Möbel und mieteten ein kleines, aber anständiges Haus. Und jetzt kocht mir das Blut, wenn ich erzählen will, wie dieser Schurke Livingston mich behandelt hat – denn er war ein Schurke, ein kalter, überlegter, schändlicher. Er verließ mich, nahm das wenige Geld und die wenigen Juwelen, die ich noch besaß, mit und ließ mich so völlig mittellos zurück. Aber was meinen Kummer – nein, ich sollte eher sagen, meine rasende Wut – noch verstärkte, war eine Notiz, die der gemeine Schurke geschrieben und hinterlassen hatte, in der er spöttisch um Entschuldigung für seine Abwesenheit bat und erklärte, er habe andere Frauen in anderen Städten zu versorgen. „Ich habe dich nie geliebt", schrieb er in diesem berüchtigten Brief, dessen jedes Wort sich wie mit einer Feuerfeder in mein Herz eingebrannt hat – „Ich habe dich nie geliebt, und mein einziger Grund, dich zu heiraten, war, dein Vermögen zu genießen; ich habe keine weitere Verwendung für dich. Es mag dich trösten zu wissen, dass der Hauptteil der großen Geldsummen, die du mir gegeben hast, von Zeit zu Zeit wurde es nicht, wie Sie sich vorstellten, zur Begleichung von Spielschulden verwendet, sondern zum Unterhalt zweier meiner wollüstigen Mätressen, die ich in getrennten, mit geradezu königlicher Pracht ausgestatteten Einrichtungen unterhielt. So trugen Sie unbewusst zur Existenz zweier Rivalinnen bei, die einen größeren Anteil meiner Aufmerksamkeit erhielten als Sie . Abschließend möchte ich Ihnen, da Sie jetzt mittellos sind, raten, Ihre Reize an den Meistbietenden zu verkaufen. Es gibt viele reiche und verliebte Herren in New York, die Sie für Ihr Lächeln und Ihre Küsse großzügig bezahlen werden. Ich werde nicht eifersüchtig auf ihre Aufmerksamkeiten gegenüber meiner *sechsten Frau sein*! Ich beabsichtige, innerhalb der nächsten sechs Monate sechs weitere zu heiraten. Hochachtungsvoll, LIVINGSTON.' So schrieb der verfluchte Schurke, für den ich alles geopfert hatte – Vermögen, gesellschaftliche Stellung und Freunde; denn wer unter meinen vornehmen Bekannten würde sich mit einer verarmten und verlassenen Frau abgeben? Keiner. Wütend über Livingstons Behandlung mir gegenüber beschloss ich, ihm bis ans Ende der Welt zu folgen, um mein Unrecht zu rächen. Durch sorgfältige Nachforschungen erfuhr ich, dass er in den westlichen Teil des Staates Pennsylvania aufgebrochen war. Sie werden es kaum glauben, aber es ist wahr, dass ich, da ich kein Geld für die Reisekosten hatte, tatsächlich *zu Fuß aufbrach* und durch New Jersey reiste, bis ich diese Stadt erreichte. Unterwegs ernährte ich mich von der Gastfreundschaft der Bauern, die mir in den meisten Fällen nur widerwillig und spärlich gewährt wurde, denn *Güte* ist kein herausragendes Merkmal der Menschen in New Jersey, [F] und außerdem war die Vorstellung einer gut gekleideten Frau, die zu Fuß und allein reiste, sicherlich ziemlich verdächtig. Als ich hier in Philadelphia ankam, war ich erschöpft und ausgelaugt von der ermüdenden Reise, die ich hinter mir hatte. Ich besuchte einige freundliche Quäkerinnen, von deren Güte ich oft gehört hatte, und erzählte ihnen meine traurige Geschichte, was ihr wärmstes Mitgefühl erregte. Sie brachten mich in dieser Wohnung unter, zahlten eine Monatsmiete im Voraus, kauften mir die Möbelstücke, die Sie sehen, und besorgten mir eine leichte Arbeit. Ich arbeitete fleißig und beinahe fröhlich, denn mein Ziel war es, genug Geld zu verdienen, um nach Pittsburg in West-Pennsylvania zu kommen, wo sich der Schurke, wie ich Grund zu der Annahme habe, aufgehalten hat.

„In meinen Mußestunden sehnte ich mich nach einer Möglichkeit der Erholung, denn ich sah keine Gesellschaft und war sehr einsam. Also schrieb ich weiter nach New York und ließ mir durch Vermittlung eines freundlichen Freundes meine Harfe hierher schicken, während der Rest meiner armen Möbel diesem Freund überreicht wurde. Dann erleichterte der göttliche Zauber der Musik die Last meiner Sorgen. Ein Umstand entmutigte mich eher: Ich stellte fest, dass ich mit größtem Fleiß nicht mehr als genug verdienen konnte, um meine Miete und andere notwendige Ausgaben zu bezahlen, obwohl ich sparsam lebte, fast von Brot und Wasser, außer sonntags, wenn ich es schaffte, mir eine Tasse Tee zu gönnen. Sie mögen über diese unbedeutenden Einzelheiten lächeln, mein lieber Freund, aber ich erwähne sie, um Ihnen die Härten und Entbehrungen zu zeigen, denen arme Frauen oft ausgesetzt sind. Meine Vermieterin, die unten den Lebensmittelladen betreibt, ist eine grobe, vulgäre, hartherzige Frau; und als ich aufgrund der harten Zeiten meine Arbeit verlor und ihre Miete nicht zahlen konnte, beschimpfte sie mich nicht nur schrecklich, sondern Sie ärgerten mich, indem sie mir die schändlichsten Vorschläge machten: Sie schlugen mir vor, ein Leben als Prostituierte zu beginnen, und boten mir an, mir jede Menge „Gönner" zu besorgen. Ich wies die schrecklichen Vorschläge natürlich empört zurück – aber, können Sie es glauben? Sie führte tatsächlich einen alten, grauhaarigen und gut gekleideten Libertin in meine Wohnung, zu einem Zweck, den Sie sich leicht vorstellen können. Der alte Schurke machte sich jedoch aus dem Staub, als ich einen kleinen Dolch zeigte, und erklärte, ich würde mich lieber umbringen, als sein Opfer zu werden. Dieses Verhalten von mir erzürnte meine Vermieterin noch mehr gegen mich, und ich rechne jeden Moment damit, auf die Straße gesetzt zu werden. Es ist wahr, dass ich durch den Verkauf meiner Harfe, die ein sehr hervorragendes Instrument ist, eine kleine Summe Geld aufbringen könnte, aber da sie das Geschenk meines ersten Mannes war, kann ich den Gedanken nicht ertragen, mich von ihr zu trennen, denn mit ihr sind einige der schönsten Erinnerungen meines Lebens verbunden. Ich bin sicher, wenn diese netten Quäkerinnen den Charakter dieses Hauses und der Nachbarschaft gekannt hätten, hätten sie mich nicht hier untergebracht. Der Himmel weiß nur, was ich gelitten habe und immer noch leide. Ich lebe in ständiger Angst, dass einige Ein Raufbold, angestiftet von meiner Wirtin, die sowohl ihre Habgier als auch ihre Boshaftigkeit befriedigen möchte, könnte irgendwann, wenn ich unvorbereitet bin, bei mir einbrechen und mich zum Opfer einer brutalen Gewalttat machen. Diese Angst hält mich nachts wach und macht meine Tage elend. Und das ist noch nicht alles; ich habe seit vorgestern nichts mehr gegessen."

"Guter Gott!", rief ich aus. "Ist das möglich? Oh, verflucht seien die Umstände, die uns beide so unglücklich gemacht haben; und doppelt verflucht sei dieser Schurke Livingston, der Urheber all Ihres Kummers. Beim Himmel! Ich werde ihn aufspüren und ihn für sein niederträchtiges Verhalten Ihnen gegenüber schrecklich bestrafen. Ja, meine liebe Mrs. Raymond - denn so werde ich Sie weiterhin nennen, trotz Ihrer Ehe mit diesem Monster Livingston - seien Sie versichert, dass Ihr Unrecht gerächt wird. - Der Schurke wird den Tag verfluchen, an dem er das Herz einer Frau zum Spielball machte, sie ihres Vermögens beraubte und sie dann in Armut und Verzweiflung zurückließ!"

[Diese Worte von mir mögen etwas theatralisch und romantisch erscheinen; aber der Leser wird sich bitte daran erinnern, dass ich zum Zeitpunkt ihrer Äußerung erst neunzehn Jahre alt war – eine Lebensphase, die sich nicht gerade durch Nüchternheit in der Sprache oder Diskretion im Verhalten auszeichnet. Würde dieses Interview *heute stattfinden* , würde ich mich wahrscheinlich folgendermaßen ausdrücken: „Meine liebe Mrs. Raymond, ich rate Ihnen, den verdammten Schurken zu vergessen und den Teekessel aufzusetzen, während ich hinausrenne und um etwas zu *essen verhandele* !"]

Mrs. Raymond drückte mir dankbar die Hand und sagte:

„Ich danke Ihnen, dass Sie sich so für meine Sache einsetzen; aber, mein lieber Freund, es ist *meine* Aufgabe, den Schurken zu bestrafen. Keine andere Hand als *die meine* soll den Schlag führen, der seine schwarze, befleckte Seele in die Ewigkeit schickt!"

Diese grimmigen Worte, die mit größtem Nachdruck ausgesprochen wurden, ließen mich meine schöne Gastgeberin mit einigem Erstaunen ansehen; und das war kein Wunder, denn die ruhige, elegante Dame hatte sich plötzlich in eine wütende und rachsüchtige Frau verwandelt. Sie sah in diesem Moment überaus schön aus; ihre Wangen glühten, ihre Augen funkelten und ihre Brust hob und senkte sich wie die Wellen eines stürmischen Meeres.

„Gut", sagte ich, „wir werden diese Angelegenheit später besprechen. Haben Sie die Güte, meine Abwesenheit für ein paar Minuten zu entschuldigen. Ich habe einen kleinen Auftrag zu erledigen."

Sie lächelte, denn sie wusste, was ich zu tun hatte. Ich ging die Treppe hinunter und die Straße hinauf, in größter Verwirrung; denn – lassen Sie es mich Ihnen, lieber Leser, ins Ohr flüstern, ich hatte nicht genug Münzen des Reichs in meinen Taschen, um damit einen Grabstein zu beschmieren .

„Was zum Teufel soll ich tun?", sagte ich zu mir selbst. „Hier habe ich mich zum Kämpfer und Beschützer einer hungrigen Dame gemacht und habe nicht genug Geld, um einen gesalzenen Hering zu kaufen! Soll ich meine Satinweste *zeigen* ? Nein, verdammt, das geht nicht, denn ich *muss* den Schein wahren. Kann ich mir nicht ein bisschen Geld von einigen meiner Freunde leihen? Nein, verflucht seien sie, sie sind alle so arm wie ich! Ich habe es! Ich werde die Güte eines *Evangeliumskämpfers auf die Probe stellen* und mir für diese Gelegenheit die Unverschämtheit des Teufels leihen."

Ich ging rasch in ein vornehmeres Viertel der Stadt und betrachtete aufmerksam jedes Türschild. Endlich sah ich den Namen „ *Reverend Phineas Porkley* ". [G] Das war genug. Ohne einen Moment zu zögern stieg ich die Stufen hinauf und klingelte wie wild. Die Tür wurde von einem fetten alten Lakaien mit einer beängstigend aussehenden roten Nase geöffnet. Ich eilte an ihm vorbei in die Halle, warf meinen Hut achtlos auf den Tisch und rief:

„Wo ist Bruder Porkley ? Bringen Sie mich sofort zu ihm! Wagen Sie es nicht zu sagen, dass er nicht da ist, denn ich weiß, dass er zu Hause ist! Es geht um Leben und Tod! Frauen sterben – Kinder verhungern – und im Allgemeinen muss der Teufel dafür bezahlen. Wache auf, Snakes, du fetter Delphin, und bring mich zu deinem Herrn!"

Die rote Nase des Lakaien wurde blass vor Erstaunen und Angst. Doch brachte er hervor:

„ Bei Gott, Sir – wirklich, Sir – Mr. Porkley , Sir – er ist zu Hause, Sir – in seiner Bibliothek, Sir – schreibt seine Predigt für nächsten Sonntag, Sir – kann niemanden sehen, Sir –“

„ Catiff , führe mich vor ihn!“ rief ich mit tiefer Stimme, in der Art des unzufriedenen Räubers, der den falschen Herzog in den Hallen seiner Vorfahren „ überfallen “ will.

Der zitternde Lakai wagte es nicht, ungehorsam zu sein, ging voran eine Treppe hinauf und zeigte auf eine Tür, die ich abrupt öffnete. Dort, in seiner Bibliothek, saß Bruder Porkley , ein ungeheuer fetter Mann mit einem blassen, öligen Gesicht, das ungefähr so viel Ausdruck enthielt wie die Oberfläche eines Käses.

Aber was war Bruder Porkley zu tun, als ich ihn störte? War er gerade dabei, eine Predigt zu schreiben, oder las er aufmerksam ein gutes theologisches Werk? Weder noch. Oh, dann war der hervorragende Mann vielleicht gerade beim Beten. Auch hier falsch. Er rauchte bloß eine kurze Pfeife und nippte an einem Glas Brandy mit Wasser, wie ein vernünftiger Mensch – denn ist es nicht besser, sich zu trösten, als die Rolle eines Heuchlers zu spielen? *Ich denke schon.*

„Mein lieber Bruder Porkley “, rief ich, eilte vorwärts und ergriff die Hand des erstaunten Pfarrers, die ich mit ungeheurer Heftigkeit schüttelte, „ich komme in einer Mission der Barmherzigkeit und Liebe! Ich komme als Bote der Güte! Ich komme als Friedenstaube mit einem Olivenzweig in der Klaue! Porkley , größter Philanthrop unserer Zeit, *kommen Sie herab* , denn die leidende Menschheit braucht Ihre Hilfe!“

„Was meinen Sie, Sir?“, fragte Reverend Falstaff, während er vergeblich versuchte, seine Hand aus meinem liebevollen Griff zu befreien. „Wer sind Sie und was wollen Sie?“

„Bruder“, sagte ich mit gebrochener Stimme und wischte mir dabei eine imaginäre Träne aus der Nasenspitze, „in der nächsten Straße wohnt eine arme, aber fromme Familie, bestehend aus einer Witwe und ihren zwölf kleinen Kindern. Sie leben in einem Keller, Sir, hundert Fuß unter der Erdoberfläche, inmitten von Dunkelheit, Schrecken und Ochsenfröschen, die sie roh essen müssen, um zu überleben. Ja, *Sir* !“

„Aber was geht mich das alles an?“

„Viel, Sir, Sie sind ein Christ – ein Geistlicher – und ein Trumpf. Wenn Sie dieser verzweifelten Familie nicht helfen, ist Ihr Ruf als Wohltäter keinen

Cent wert. Diese Kinder schreien nach Nahrung – Ochsenfrösche sind selten
– und diese liebevolle Mutter stirbt an Pocken.“

"Pocken!"

„Ja, *Sir*! Ich habe sie die letzten fünf Nächte betreut und fürchte, dass ich
mit der Krankheit infiziert bin. Aber ich bin bereit, mein Leben für die heilige
Sache der Nächstenliebe zu verlieren.“

*mir* die Krankheit anstecken! Lassen Sie meine Hand los, Sir, und verlassen
Sie dieses Haus, bevor Sie die Luft mit der Pest belasten!“

„Nein, *Sir*! Ich kann nicht daran denken, zu gehen, bevor Sie nicht etwas zur
Erleichterung der verzweifelten Witwe und ihrer zwölf kleinen Kinder getan
haben.“

„Verdammt sei die verzweifelte Witwe und – Gott segne meine Seele! Was
sage ich da? Mein guter junger Mann, womit werden Sie zufrieden sein?“

„Fünf Dollar, ehrwürdiger Herr.“

„Hier also, hier ist das Geld. Und jetzt geh, geh schnell. Jeder Augenblick,
den du hier verbringst, ist voller Übel. Bitte, beeil dich!“

„Aber willst du nicht kommen und mit der verzweifelten Witwe und ihrem
… beten?“

„Nein! Wenn ich das tue, möge ich – gesegnet sein! *Willst* du gehen? “

"Ich bin weg, alter Schweinskopf!"

Mit diesen Worten stürzte ich aus der Bibliothek, stolperte über eine
korpulente Katze, die ruhig auf dem Treppenabsatz ruhte, stürzte die Treppe
mit zwei Sprüngen hinunter, warf den fetten Lakaien in der Diele um und
erreichte die Straße sicher mit meiner Beute – einer Fünfdollarnote der Stadt.
Ich eilte zurück zum Wohnsitz von Mrs. Raymond, machte aber unterwegs
an einem Speiselokal Halt und lud mich mit bereits gekochtem Proviant ein.
Ich vergaß nicht, zwei Flaschen ausgezeichneten Weins zu kaufen. So
versorgt betrat ich das Apartment von Mrs. Raymond, die mich mit einem
Lächeln der Dankbarkeit und Freude empfing, das ich nie vergessen werde.

Wir setzten uns mit großem Appetit an den Tisch und wurden dem Mahl,
das wirklich ausgezeichnet war, voll und ganz gerecht. Der Wein hob unsere
Stimmung, und wir vergaßen unser Unglück und plauderten fröhlich über
alte Zeiten in New York, wobei wir sorgfältig jede Anspielung auf die blutige
Angelegenheit in der William Street vermieden. Als wir eine Flasche geleert
hatten, beehrte mich Mrs. Raymond mit einer Melodie auf ihrer Harfe, die
sie mit exquisiter Kunst spielte. Nachdem sie einen brillanten italienischen
Walzer gespielt hatte, spielte und sang sie dieses klagende Lied:

„Das Licht anderer Tage ist verblasst, Und all ihr Ruhm ist vorbei.“

Gerade als das Lied zu Ende war, klopfte es laut an der Tür.

„Es ist meine Wirtin“, sagte Mrs. Raymond leise, „verstecken Sie sich und Sie werden sehen, wie sie mich behandelt.“

Ich trat in die Kammer, doch durch einen Spalt in der Tür konnte ich alles sehen, was geschah.

Eine fette, vulgär aussehende Frau kam herein, mit einem bedeutungsvollen Auftreten und einem vom Alkohol entzündeten Gesicht, das ihr ein besonders abstoßendes Aussehen verlieh. Natürlich war sie sich meiner Anwesenheit im Haus überhaupt nicht bewusst. Sie nahm in der Mitte des Zimmers Stellung, stemmte die Hände in die Hüften und sagte mit heiserer und wütender Stimme:

„Komm da raus! *Du bist* ein hübscher Bursche, wenn du spielst und singst, obwohl du mir zwei Monatsmieten schuldest. Ich sehe, du hast auch gefeiert. Wo hast du das Geld her? Warum hast du es mir nicht gezahlt *?* Hast du noch Geld übrig?“

"Nein, habe ich nicht."

"Komm da raus! Warum zum Teufel verkaufst du nicht deinen Blödsinn , ich meine die Harfe, und heizt den Wind an? Das bringt dir gute zehn Dollar ein, das schwöre ich. Und warum nimmst du nicht meinen Rat an und verdienst Geld wie andere Frauen? Du bist hübsch, die Männer würden dir wie verrückt hinterherlaufen. Dieser nette, reiche alte Herr, Mr. Letcher, den ich zu dir gebracht habe, hätte dir jede Menge Geld gegeben, wenn du ihn nur freundlich behandelt hättest – aber du hast ihn verjagt. Komm da raus! Was hast du nun vor? Ich kann dich nicht länger hier bleiben lassen, wenn du nicht etwas Geld aufbringst. Heute Abend werde ich einen anderen netten Herrn hierher holen; und wenn du mit *ihm einen deiner Wutanfälle annimmst ,* werde ich dich noch heute Nacht auf die Straße setzen."

„Wenn Sie einen Mann hierherbringen, der mich belästigen soll“, sagte Mrs. Raymond temperamentvoll, „werde ich ihm ein Messer ins Herz rammen und mich dann umbringen.“

„Kommen Sie da raus“, schrie die Wirtin und näherte sich Mrs. Raymond mit drohendem Blick. „Denken Sie nicht, mir mit Ihrem tragischen Gebaren Angst einzujagen. Ich muss mein Geld haben, und deshalb werde ich diese Harfe nehmen und sie verkaufen, Ihnen zum Trotz!“

Sie ergriff das Instrument und wollte es gerade davontragen, als ich aus meinem Versteck hervorstürzte und rief:

„Komm da raus! Lass das Instrument fallen, du alte Hexe, oder ich lasse *dich fallen*! Denk nicht, dass diese Dame völlig ohne Freunde ist. Ich bin hier, um sie zu beschützen."

Die verblüffte Wirtin legte die Harfe nieder und begann, zahlreiche Entschuldigungen zu murmeln, denn ich war außerordentlich gut gekleidet und sie hielt mich wahrscheinlich für eine angesehene Person, die zum Beschützer und Gönner von Mrs. Raymond geworden war.

„Oh, Sir – ich bin sicher, Sir – ich meinte nicht, Sir – wenn ich es gewusst hätte, Sir – ich bitte tausendmal um Verzeihung, Sir –"

„Komm da raus!" rief ich, „verlasse sofort das Zimmer."

Die Wirtin verschwand mit einer Geschwindigkeit, die angesichts ihrer außerordentlichen Korpulenz ziemlich bemerkenswert war.

Nach einer kurzen Pause sagte Mrs. Raymond zu mir:

„Sie sehen, welchem Missbrauch ich durch meine Umstände ausgesetzt bin."

„Ich wollte, meine Umstände wären so, dass ich Ihnen die Hilfe leisten könnte, die Sie so sehr brauchen. Ich wollte, ich könnte Sie aus diesem unerträglichen Elend befreien! Aber um es ganz offen zu sagen: Ich bin genauso mittellos wie Sie."

„Dann können Sie tatsächlich Mitgefühl für meinen Kummer haben."

„Ganz aufrichtig; aber Sie dürfen nicht allein auf die Suche nach diesem schurkischen Ehemann gehen – und Geld wird nötig sein."

„Diese Harfe wird—"

„Oh nein, du kannst dich nie davon trennen."

"Ich muss."

„Dann lass es nur vorübergehend sein. Auf dem nächsten Platz ist ein Pfandleiher, dort können wir es einlösen – wenn du es eine Zeitlang ertragen kannst, dass es aus deinem Blickfeld verschwindet."

„Das macht nichts", sagte meine Heldin unerschrocken, „eine Frau, der Unrecht widerfahren ist, kann alles ertragen, wenn sie auf Rache aus ist. Das Wetter ist herrlich; wir werden gemächlich reisen und eine sehr angenehme Zeit verbringen. Sollte unser Geld aufgebraucht sein, werden wir die Gastfreundschaft der guten alten Bauern von Pennsylvania in Anspruch nehmen, die für ihre Freundlichkeit gegenüber Reisenden bekannt sind und zwei armen Wanderern weder einen Happen und ein Abendessen noch eine Übernachtung verweigern werden. Wenn Sie sich weigern, mich zu begleiten, werde ich allein gehen."

„Ich werde mit dir bis ans Ende der Welt gehen!", rief ich voller Enthusiasmus, denn ich konnte nicht umhin, den edlen Mut dieser schönen Frau zu bewundern, deren strahlendes Antlitz jetzt vor Erwartung der Rache glühte.

Sie drückte mir zum Zeichen meiner Hingabe herzlich die Hand, setzte dann ihren Hut und ihren Schal auf und verkündete, dass sie zur Abreise bereit sei.

„Ich besitze keinerlei Wertgegenstände", sagte sie, „und die Wirtin kann diese Möbel gerne haben, da ich damit meine Schulden bei ihr begleiche. Ich werde nie wieder in dieses Haus zurückkehren."

Ich schulterte die Harfe und wir verließen das Haus, ohne der liebenswürdigen Wirtin zu begegnen.

Um zum nächsten Pfandleiher zu gelangen, musste ich eine der Hauptstraßen durchqueren. Zu meinem Entsetzen hatte sich auf den Stufen eines Hotels eine Menge Schauspieler, Reporter und andere versammelt. Die Gauner erspähten mich, bevor ich hinübergehen konnte, und so ging ich, so dreist wie möglich, weiter und tat so, als würde ich sie nicht bemerken, während ein „laufender Kommentar" wie der folgende weiterlief, bis ich außer Hörweite war:

„ *Stag his knibbs* ", sagte [H] der „schwere Mann" vom Arch Street Theater.

„Thompson, spielen Sie uns eine Melodie!", brüllte ein jämmerlicher Schuft von einem Komiker oder „wandelnden Gentleman".

„Jem Baggs , der *wandernde Minnesänger* , bei G———!", schrie ein erbärmlicher Dämon von einem Zeitungsreporter.

„Wer ist die großartige Frau, die ihn begleitet?", erkundigte sich ein Dandy-Redakteur, hob sein Fernglas und musterte meine schöne Begleiterin mit bewunderndem Blick.

„Meine Güte! Sie ist eine Schönheit!", riefen alle im Chor. Mrs. Raymond errötete und lächelte. Es war offensichtlich, dass ihr diese Ausdrücke der Bewunderung nicht missfielen.

„Entschuldigen Sie die Herren", sagte ich entschuldigend zu ihr, „sie sind alle meine besonderen Freunde."

„Ich bin nicht beleidigt; sie sind tatsächlich sehr schmeichelhaft", antwortete die Dame mit einem fröhlichen Lachen. Sie hatte das melodischste Lachen der Welt und das schönste, das man *sich anschauen konnte* , denn es brachte ihre feinen, perlmuttfarbenen Zähne auf bezaubernde Weise zur Geltung.

Wir erreichten das Pfandleihhaus und ich ging mutig hinein, während Mrs. Raymond vor der Tür auf mich wartete, denn ich wollte sie nicht der

Demütigung aussetzen, von Leuten angestarrt zu werden, die vielleicht im Laden waren.

Der Pfandleiher war ein Herr jüdischen Glaubens und besaß eine Nase wie der Schnabel eines Adlers. Er nahm das Instrument und untersuchte es sorgfältig.

"Was ist das?", sagte er, "eine Harfe? Ach, das nützt nichts. Täglich werden uns Tausende solcher Dinge angeboten. Bei Musikinstrumenten gibt es keine Sicherheit . Was brauchen Sie dafür?"

„Zehn Dollar", antwortete ich in entschlossenem Ton.

„Kann ich dir nicht geben", sagte der Israelit, „es ist zu matschig . Ich gebe dir acht."

„Nein", sagte ich, nahm die Harfe und machte mich zum Aufbruch bereit.

„Hier, den", sagte *mein Onkel* , „ich gebe dir zehn, aber nur , um dich *zu entschädigen* – bedenke das."

Ich dankte ihm gebührend für seine Bereitschaft, mir *diesen Gefallen zu tun* . Onkel Moses gab mir die Karte und das Geld. Dann verließ ich den Laden und ging zu Mrs. Raymond zurück, der ich das Duplikat und das X überreichte.

„Ich nehme das Ticket", sagte sie lächelnd, „aber das Geld behalten Sie, denn ich ernenne Sie zu meinem Kassierer."

Auf Anregung meiner Freundin suchten wir nun ein billiges Second-Hand-Kleidergeschäft auf, das glücklicherweise von einer Frau geführt wurde, die, als wir ihr die Angelegenheit vertraulich erklärten, bereitwillig auf unseren Plan einging. Mrs. Raymond und die Frau zogen sich in eine Hinterwohnung zurück, während ich im Laden blieb.

Eine halbe oder dreiviertel Stunde verging. Endlich wurde die Tür des inneren Raumes geöffnet und ein junger Mensch betrat den Laden, den ich nicht sofort erkannte. Diese Person schien ein sehr schöner Junge zu sein, hübsch gekleidet in eine Stoffjacke und eine Mütze und mit einer Gestalt von erlesenster Symmetrie. Dieser hübsche und interessante Junge kam auf mich zu, klopfte mir spielerisch auf die Wange und sagte:

„Mein lieber Freund, wie gefalle ich Dir jetzt? Habe ich mich nicht zum Besseren verändert? Wie königlich fühle ich mich in diesem seltsamen Gefährt!"

Natürlich war es Mrs. Raymond, die mich ansprach. Ihre Verkleidung war perfekt; noch nie zuvor hatte ich eine so vollständige Verwandlung gesehen, nicht einmal auf der Bühne. Niemand hätte vermutet, dass sie etwas anderes war, als sie aussah: ein außergewöhnlich zierlicher und hübscher Junge, anscheinend etwa sechzehn Jahre alt.

Ich gratulierte der Dame zu der bewundernswerten Erscheinung, die sie in ihrem neuen Kostüm abgab, brachte jedoch mein Bedauern darüber zum Ausdruck, dass sie sich von ihrer prachtvollen Frisur trennen musste.

"Da war nichts zu machen", sagte sie lachend. "Ich gestehe, dass ich ein wenig Bedauern empfand, als ich spürte, wie mir die Haare von den Schultern fielen; aber der Verlust war unvermeidlich, denn diese Locken hätten mein Geschlecht verraten. Diese gute Frau hier erwies sich als eine sehr fachkundige Friseurin." Da ich darüber nachdachte, dass ein grober Anzug für eine staubige Straße genauso gut und besser wäre als ein feiner Anzug aus Wolltuch, schloss ich mit der Ladenbesitzerin einen Handel ab, meine Kleidung gegen grobe aus Barchent auszutauschen, und sie gab mir eine angemessene Summe, um die große Überlegenheit meiner Garderobe auszugleichen. Diese Vereinbarung wurde schnell abgeschlossen und ich sah mich plötzlich in eine bäuerlich aussehende Person verwandelt, die in ihrer Erscheinung sicherlich den Titel eines perfekten "Greenhorns" verdiente.

Nachdem alle Parteien zufrieden waren, reisten ich und meine schöne Begleiterin ab. Am Abend gingen wir nach dem Abendessen ins Theater, wo ich mich an dem „schweren Mann" und dem „leichten Komiker" rächte, die sich am Nachmittag auf meine Kosten über das Tragen der Harfe lustig gemacht hatten, indem ich den ersteren Herrn, der kein einziges Wort seiner Rolle verstand, ausbuhte und dem letzteren mit einem Apfel auf die Nase schlug, wofür ich (da der Schauspieler ein großer Favorit war) aus dem Theater gejagt wurde und nur knapp davonkam, ins Wachhaus gebracht zu werden. Meine schöne Freundin und ich nahmen dann für die Nacht Unterkunft in einem benachbarten Hotel.

### FUßNOTEN:

[F] Manche Leute glauben, dass New Jersey zu den Vereinigten Staaten gehört. Diese Meinung halte ich für falsch.

[G] In diesem wie auch in mehreren anderen Fällen habe ich einen fiktiven Namen verwendet, da einige der in dieser Erzählung erwähnten Personen noch leben.

[H] Es ist unter „Außenstehenden" nicht allgemein bekannt, dass Zirkusleute und -schauspieler die Angewohnheit haben, untereinander eine Art Schnellsprache zu verwenden, die es ihnen ermöglicht, sich über berufliche und andere Angelegenheiten zu unterhalten, ohne von außenstehenden Zuhörern verstanden zu werden. Wenn ich Platz hätte, könnte ich unter dieser Überschrift viele amüsante Anekdoten erzählen. „ *Stag his knibbs* " bedeutet „ *Schau ihn dir an* ".

# KAPITEL VI

### *Darin wird ein gefeierter Komiker vom Theatre Royal, Drury Lane, London, vorgestellt.*

Am nächsten Morgen, in aller Frühe, „hätte man zwei Reisende sehen können", die eine der schweren Brücken überquerten, die von Philadelphia über den Schuylkill zum gegenüberliegenden Ufer führen. Der eine war ein kräftiger junger Kavalier, in Barchentbraun gekleidet; der andere war ein hübscher junger Mann, in blaues Tuch gekleidet, und seine blitzenden Augen waren glänzend und sein Haar kohlschwarz. Bei meiner Treue, gute Herren, ein schönerer junger Mann hat im Boudoir meiner Dame nie die leichte Gitarre berührt.

"Nun, bei meinem ritterlichen Eid", sprach er in barchentbraunem Ton, "meine Seele weitet sich in der sanften Schönheit dieses rosigen Morgens, mein Blut tanzt fröhlich durch jede Ader, und ich habe Lust, im nächsten Gasthof ein donnernd gutes Frühstück zu essen . - Was sagst du *du* , schöner Jüngling?"

„In der Tat, Sir George", sagte er in blauem Wolltuch mit melodischer Stimme, „ich habe Hunger und würde mich gern vor einer Flasche Kaffee und einer guten Platte mit Schinken und Eiern niederlassen."

„Tapfer gesprochen", sagte der kräftige junge Kavalier mit tränendem Mund, und dann verfiel er wieder in Schweigen, während der Zug weiterfuhr.

Bald blieben sie vor einem stattlichen Gasthof stehen , auf dessen schwingendem Schild die Aufschrift „Das Schwein und die Lichtschere" prangte.

„Was, da drinnen! Haus, Haus, sage ich!", brüllte der junge Mann in Barchentbraun hastig und trat mit seinem Kuhfellstiefel energisch an die Tür des Gasthofs.

Da kam mein Wirt, das Schwein und die Lichtschere – ein lustiger Schurke und ein richtig vergnügter, wie ich finde, mit einem mächtigen Bauch und einer rubinroten Nase. Nun, beim Kreuz! Ein komischerer Ritter als dieser Rupert Harmon hat nie einen schäumenden Krug nussbraunes Bier gezapft oder eine Wolke aus einem kurzen Rohr in einer Kaminecke geblasen.

„Willkommen, meine Herren – ein herzliches Willkommen", sagte der dicke Wirt des Schweins und der Lichtschere.

„Mach dich auf, Schurke", sagte der Braune in Barchentbraun, als er, gefolgt von dem hübschen jungen Mann in blaruem Wolltuch, das Gasthaus betrat – „ verdammt , ich habe teuflischen Hunger und Durst zugleich. Schurke, ein

Weihwassergefäß voll Sack, und dann lass Schinken, Eier und Kaffee auf dem Festtisch rauchen!"

„Hören heißt gehorchen", sagte er über das Schwein und die Lichtschere, als er aus dem Zimmer watschelte, um die nötigen Anweisungen für das Frühstück zu geben.

Es kam! Ha, ha! Soll ich versuchen, dieses Frühstück zu beschreiben? Nein, meine Kräfte reichen dazu nicht aus.

Doch ich werde den Stil meines Freundes GPR James, des großen englischen Romanautors, aufgeben und meine Erzählung auf meine eigene bescheidene Weise fortsetzen.

Wir frühstückten und machten uns fröhlich auf den Weg. Das Wetter war herrlich; der Duft von Frühlingsblumen lag in der Luft und die sanfte Brise säuselte durch die Zweige der Bäume. Überall um uns herum waren Zeichen landwirtschaftlichen Wohlstands – schöne, geräumige Bauernhäuser, riesige Scheunen, ausgedehnte Obstgärten und Myriaden blühender Haustiere. Kräftige alte holländische Bauern, die gemächlich in ihren großen Wagen in die Stadt und wieder zurück trotteten, begrüßten uns mit einem herzlichen „Guten Morgen"; und ein lustiger alter Kerl, der nach dem Verkauf einer großen Menge an Erzeugnissen nach Hause zurückkehrte, bestand darauf, uns in seinem Wagen mitzunehmen. Also stiegen wir ein und erreichten gegen Einbruch der Dunkelheit das Haus des Bauern – ein stattliches und komfortables Herrenhaus, das darauf hindeutete, dass sein Besitzer ein Mann mit beträchtlichem Reichtum war.

Ich war überrascht über die Ausdauer meiner schönen Freundin, die nach einer ziemlich harten Tagesreise nicht das geringste Anzeichen von Müdigkeit zeigte. Sie war immer noch sehr ausgelassen und schien von der Neuheit der Reise, die wir begonnen hatten, entzückt zu sein. Sie war wirklich eine bezaubernde Begleiterin, voller Witz, Gefühl und Intelligenz; und ich blicke mit einem Seufzer des Bedauerns auf diese Tage zurück – denn solch ungetrübtes Glück werde ich nie wieder erleben.

Der gute alte Bauer erklärte uns mit seiner ihm eigenen Gastfreundschaft, dass wir an diesem Abend nicht weitergehen sollten, und wir nahmen seine Freundlichkeit gerne an. Er stellte uns seine Frau vor – eine feine alte Dame und eine berühmte Strümpfestrickerin – und auch seine einzige Tochter, ein rundliches, rosiges Mädchen von etwa achtzehn Jahren. Dieses Mädchen musterte meine verkleidete Begleiterin mit einem Blick tiefster Bewunderung, und ich sah sofort, dass sie sich tatsächlich in Mrs. Raymond verliebt hatte!

„Das wird bestimmt lustig", sagte ich mir. „Ich muss mich im Dunkeln aufhalten und die Bewegungen beobachten. Die Vorstellung, dass sich eine

Frau in einen Menschen ihres eigenen Geschlechts verliebt, ist ziemlich gewagt!"

Nach einem vorzüglichen Abendessen – meine Güte, was für deutsche Würste! – nahm ich die Einladung des alten Bauern an, seine Scheune, sein Vieh usw. zu besichtigen. Meine schöne Freundin wurde von der verliebten holländischen Dame in Besitz genommen, die besonders darauf erpicht zu sein schien, die Schönheiten ihrer *Molkerei zu zeigen*, die immer der Stolz einer Bauerntochter ist. Ich konnte mir das Lachen nicht verkneifen, als ich den komisch verlegenen Gesichtsausdruck der armen Mrs. Raymond sah, als die dralle junge Dame sie packte und wegzerrte.

Natürlich lobte ich die Scheune und den Viehbestand des Bauern mit der Miene eines Kenners solcher Dinge, und wir kehrten ins Haus zurück, wo ich mich der Aufgabe widmete, die alte Dame zu unterhalten, was mir so gut gelang, dass sie mir ein schönes Paar Strümpfe schenkte, die sie selbst gestrickt hatte.

Nach einer Weile kamen meine schöne Freundin und die Tochter des Bauern zurück. – Und ich bemerkte, dass Mrs. Raymond äußerst verärgert und verwirrt aussah, während das Gesicht der holländischen Jungfrau Ärger und Enttäuschung ausdrückte. Ich konnte mir leicht vorstellen, wie die Dinge standen, aber natürlich sagte ich nichts.

Im Laufe des Abends hatte meine schöne Freundin Gelegenheit, mit mir unter vier Augen zu sprechen. Sie sagte mit tiefem Erröten, obwohl sie dabei ein Lächeln nicht unterdrücken konnte:

"Ich habe Ihnen etwas zu sagen, das wirklich sehr peinlich und lächerlich ist, aber Sie können sich nicht vorstellen, wie sehr es mich ärgert. Lachen Sie mich jetzt nicht auf diese provokante Weise aus, sondern hören Sie zu. Dieses große, dumme holländische Mädchen, nachdem es mir ihr Tagebuch gezeigt hatte, das wirklich eine sehr hübsche Angelegenheit ist und sich durchaus sehen lassen sollte, machte mir plötzlich die wildeste Liebe – natürlich in der Annahme, dass ich das sei, was ich aussehe, nämlich ein Junge. Ich war furchtbar verwirrt und verängstigt und wusste nicht, was ich sagen oder wie ich mich verhalten sollte. Sie schlang ihre fetten Arme um mich und erklärte, dass ich so hübsch sei, dass sie mir nicht widerstehen könne und dass ich ihr Liebhaber werden müsse. Ich sagte ihr, dass ich zu jung sei, um etwas über die Liebe zu wissen; und dann bot das Geschöpf an, mir alles darüber beizubringen. Dann deutete ich an, dass ich im Moment nicht ans Heiraten denken könne, da ich zu arm sei, um eine Frau zu ernähren; aber sie lachte über die Idee einer Ehe und sagte, dass sie mich nur als ihren kleinen Liebhaber haben wolle. Schließlich erlöste ich sie, indem ich ihr versprach, sie gegen Mitternacht zu treffen, im Obstgarten neben dem

Tor. Ist das nicht alles ganz schrecklich – auf diese Weise von einem großen, unerbittlichen holländischen Mädchen verfolgt zu werden?"

Ich brüllte vor Lachen. Es war unhöflich und ungalant, das muss ich zugeben, aber wie konnte ich es verhindern? Mrs. Raymond versuchte verzweifelt, wütend zu werden, aber die ganze Angelegenheit war so lächerlich, dass sie dem ansteckenden Einfluss meiner Fröhlichkeit nicht widerstehen konnte und auch sie schrie fast vor Lachen.

Als unsere Fröhlichkeit etwas abgeebbt war, fragte ich:

„Na, wirst du eine Verabredung mit der niederländischen Venus wahrnehmen?"

„Was für eine absurde Frage! Natürlich nicht! Meinetwegen kann sie die ganze Nacht am Tor zum Obstgarten warten – dieser große, trottelige Narr!"

„Was halten Sie davon, wenn *ich* sie zur vereinbarten Zeit und am vereinbarten Ort treffe? Ich werde als Ihr Vertreter handeln und jede zufriedenstellende Erklärung abgeben."

„So etwas wirst du nicht tun. Wie kannst du es wagen, so einen Vorschlag zu machen? Ich bin völlig erstaunt über deine Unverschämtheit!"

Am nächsten Morgen bereiteten wir uns nach dem Frühstück auf die Abreise vor. Ich sah, dass die Tochter des Bauern meine schöne Freundin mit einem grimmigen Blick betrachtete . Das Mädchen hatte wahrscheinlich zwei oder drei Stunden in der Nachtluft verbracht und auf ihren „treulosen Verehrer" gewartet.

Nachdem wir dem guten alten Bauern für seine Gastfreundschaft gedankt und seinen Segen erhalten hatten, brachen wir auf.

Es ist nicht meine Absicht, den Leser mit den Einzelheiten jeder Tagesreise zu langweilen; tatsächlich würde der begrenzte Platz solche Einzelheiten nicht zulassen. Ich werde jedoch so kurz wie möglich diejenigen Ereignisse der Reise schildern, die ich für besonders erwähnenswert halte. Als wir Lancaster erreichten, stellten wir fest, dass unsere Mittel völlig aufgebraucht waren, denn wir hatten unterwegs auf teure Art in Tavernen gelebt, anstatt vernünftig zu wirtschaften. Wie wir an frisches Geld kommen sollten, war nun die Frage, und eine, die äußerst schwierig zu beantworten war. Doch ein unerwarteter Glücksfall stand uns bevor. Als ich in die Schank des Haupthotels schlenderte, sah ich ein Theaterprogramm an der Wand hängen. Ich las es mit Begierde; und dann erfuhr ich zu meiner großen Genugtuung, dass ein alter Freund von mir, ein gewisser Bill Pratt, ein reisender Schauspieler und Manager, „gerade mit einer talentierten Truppe von Komikern in Lancaster angekommen war, die an diesem Abend die Ehre haben würden, vor den Damen und Herren des oben genannten Ortes in einer Reihe von Unterhaltungen aufzutreten, die zugleich moralisch, keusch, lehrreich und klassisch waren, und zwar im Rathaus. Eintritt: zwölfeinhalb Cent."

So lautete das Theaterprogramm. Meine Freundin und ich machten uns sofort auf den Weg zum Rathaus, und dort fand ich Bruder Pratt, der eifrig damit beschäftigt war, seine Bühne einzurichten, seine Kulissen aufzustellen usw. Er war unglaublich froh, mich zu sehen. □ In seiner Gesellschaft erkannte ich mehrere alte Bekannte. Ich stellte meine Reisebegleiterin den Damen und Herren des Berufsstandes vor, und ich glaube nicht, dass einer von ihnen ihr wahres Geschlecht ahnte. Wir aßen alle zusammen im Hotel zu Abend, und wir waren sicherlich eine fröhliche Gesellschaft, „innerhalb der Grenzen der Heiterkeit". Der Witz sprühte, Rätsel wurden gelöst, schlechte Wortspiele wurden überprüft, und geistreiche Witze weckten das lachende Echo des alten Speisesaals. Glückliche Menschen sind diese reisenden Schauspieler – glücklich, weil sie sorglos sind und im Genuss des Heute nicht an das Morgen denken. Sind sie nicht wahre Philosophen?

„Oh, was nützt es zu seufzen, Denn die Zeit vergeht wie im Flug – Morgen werden wir sterben, Singt also fröhlich, fröhlich – Tra , la, la!"

Nachdem ich mit Bruder Pratt zu Abend gegessen hatte, setzte ich mich auf die Piazza, und während wir unsere Zigarren rauchten, erinnerten wir uns an die Vergangenheit, dachten über die Gegenwart nach und blickten in die Zukunft.

Nach einer ganzen Weile unzusammenhängenden Gesprächs fragte mich der Bruder plötzlich:

„Wer ist der hübsche kleine Kerl, mit dem Sie reisen?"

„Oh, er ist von zu Hause weggelaufen, um etwas von der Welt zu sehen und auch, um einer Lehre in einem mühsamen Beruf zu entgehen", war meine Antwort, denn ich hielt es nicht für nötig, meinen Freund in das Geheimnis einzuweihen.

„Er ist ein temperamentvoller Junge, und ich mag ihn", erwiderte der Bruder. „Wenn er auf die Bühne ginge, was für ein großartiger Hofpage er abgeben würde! Aber wohin gehst du? Erzähl mir alles darüber."

Ich erzählte dem Bruder alles, was er wissen musste.

„Und so", sagte er nachdenklich, „haben Sie kein Geld mehr. Das ist schlecht. Wir müssen Ihnen auf die eine oder andere Weise etwas Bargeld beschaffen. Ich werde sofort Rechnungen drucken lassen, die verkünden, dass ‚der Manager das Vergnügen hat, seinen zahlreichen Gönnern mitzuteilen, dass es ihm unter enormen Kosten gelungen ist, ein kurzes Engagement mit Mr. George Thompson zu arrangieren, dem berühmten

Komiker vom Theatre Royal, Drury Lane, London. Er wird seinen ersten Auftritt in seiner berühmten Rolle als Robert Macaire in dem großen Drama gleichen Namens haben, das er über zweihundert Abende lang vor einem großen und eleganten Publikum aufgeführt hat, zu dem auch die Königlichen, Adligen und der Landadel Englands gehörten, die ihn mit dem furchtbarsten und enthusiastischsten Applaus begrüßten, und Ihre Majestät die Königin war von der meisterhaften und brillanten Darstellung so entzückt, dass sie Mr. Thompson einen prächtigen Diamantring im Wert von fünftausend Pfund Sterling überreichte, der dem Publikum am Ende der Vorstellung gezeigt wird.' Wie soll *das* gehen, mein Junge? Wir erhöhen den Eintrittspreis auf fünfundzwanzig Cent, um die zusätzliche Attraktion zu erhalten. Ich spiele Jacques Strop, das Haus wird voll sein und Sie werden jubelnd und mit voller Tasche Ihren Weg gehen."

„Sagen Sie mal, alter Junge", bemerkte ich ernst, „tragen Sie nicht ein *bisschen zu dick auf*?"

"Überhaupt nicht", antwortete der Bruder kühl, während er vorsichtig die Asche vom Ende seiner Zigarre klopfte, "überhaupt nicht. Humbug ist angesagt. Ich werde mir einen auffälligen Ring besorgen, der den Ring ersetzen soll, den Ihnen die Königin überreicht hat. Sie wissen genug über das Bühnengeschäft, um die Rolle des Robert Macaire sehr respektabel zu spielen, und Sie wissen auch, dass ich in Jaques Strop nicht sehr langsam bin. Sie werden einen Hit landen, darauf können Sie sich verlassen. Ich werde Ihnen das Buch besorgen, und Sie können sich die Rolle ansehen. Was Sie nicht lernen, können Sie verschlucken. [[]] Ich werde Sie für morgen Abend ankündigen. Überlassen Sie alles mir; ich werde alles arrangieren. Gehen wir hinein und trinken!"

Ich beherrschte die Rolle bald und am Ende der Probe am nächsten Tag war ich „absolut perfekt". Der Manager und die Mitglieder seiner Truppe gratulierten mir zu dem Erfolg, der mir sicher sein würde. Inzwischen war die Stadt mit Plakaten überschwemmt worden, die die gleiche extravagante Ankündigung enthielten, die Bruder Pratt mir vorgeschlagen hatte. Die öffentliche Erwartung und Neugierde waren aufs Äußerste gesteigert und eine Menge aufgeregter Menschen versammelte sich vor dem Haupthotel in Erwartung der plötzlichen Ankunft des „berühmten Komikers" in einer prächtigen Kutsche, die von vier prächtigen weißen Pferden gezogen und von einem Gefolge von Bediensteten in prächtiger Livree begleitet wurde.

Der Abend kam und der große Saal war bis zum Ersticken voll, obwohl der Eintrittspreis verdoppelt worden war. Ich war voller Zuversicht, nachdem ich mich mit mehreren Gläsern Brandy und Wasser gestärkt hatte. Kurz bevor er auf die Bühne ging, war Bruder Pratt, um einen gängigen Ausdruck zu verwenden, „ziemlich weit über der Bucht". Nun, um es kurz zu machen, ich trat zur richtigen Zeit auf, gefolgt von Jaques Strop. Mein Auftritt wurde mit einem regelrechten Wirbelsturm von Applaus begrüßt, der vier oder fünf Minuten anhielt. Ich zog meinen heruntergekommenen Biber aus, verbeugte mich anmutig und begann dann den Teil, der folgendermaßen beginnt:

„Komm, Kamerad, stell dein bestes Bein voran. Wovor hast du Angst? Wir sind jetzt außer Gefahr und werden bald die Grenze erreichen."

Ich darf ohne Egoismus sagen, dass ich die Rolle bemerkenswert gut gemeistert habe und das Publikum zweifellos ständig zum Lachen gebracht habe. Mrs. Raymond saß in der ersten Reihe und ihr ermutigendes Lächeln hat mich das ganze Stück hindurch gestärkt. Als das Stück vorbei war, wurde laut nach mir gerufen.

„Nun, mein Junge", sagte Bruder Pratt zu mir, „geh vor den Vorhang und halte eine mitreißende Rede – ich weiß, dass du das kannst. Sag, dass du auf die dringende Bitte des Managers hin eingewilligt hast, morgen Abend als Jem Baggs im Wandering Minstrel aufzutreten."

„Sehr gut", sagte ich, „aber diese Leute wollen jetzt den Ring sehen, den mir Königin Victoria geschenkt hat. Wie soll ich das bewerkstelligen?"

„Das ist ganz einfach", antwortete der Bruder, während er aus seiner Tasche einen großen Messingring zog, der mit einem Stück gewöhnlichen Glases von der Größe eines Hühnereis verziert war, und ihn mir reichte.

Ich trat vor den Vorhang. Ein Blumenstrauß, so groß wie ein Kohlkopf, traf mich ins Gesicht und fiel mir vor die Füße. Die Geberin dieses zarten Kompliments war eine sehr jugendlich gekleidete alte Dame. Ich nahm den Blumenstrauß und drückte ihn an mein Herz. Das war ergreifend und rührte das Publikum zu Tränen. Nachdem Ruhe erreicht war, hielt ich eine bombastische Rede, die Bruder Pratt später als die beste bezeichnete, die er je vor dem „grünen Tuch" gehört hatte. Ich sprach davon, ein Fremder in einem fremden Land zu sein, von dem herzlichen Empfang, der mir zuteil wurde, von ewiger Dankbarkeit, davon, dass sie die Erinnerung an ihre Freundlichkeit über den Ozean mit sich nähmen, gab zu, dass ich der britischen Aristokratie eng verbunden sei, erklärte aber, dass meine Gefühle rein republikanischer Natur seien und das „Star-Spangled Banner" befürworteten.

Hier brach stürmischer Applaus aus, und als dieser sich gelegt hatte, stimmte das Orchester, bestehend aus einer Fiedel und einer großen Trommel, die beliebte Nationalmelodie an, die meine Worte angeregt hatten. Dann zeigte ich den Diamantring, den mir die Königin von England geschenkt hatte, und als die Zuschauer das königliche Geschenk betrachteten, herrschte tiefstes Schweigen unter ihnen. Nachdem ich sie durch die Präsentation des Klumpens aus Messing und Glas ausreichend erfreut hatte, bemerkte ich, dass ich am nächsten Abend als Jem Baggs im Wandering Minstrel auftreten würde. Diese Ankündigung wurde mit Beifallsrufen aufgenommen, und ich verneigte mich fast bis zum Rampenlicht und zog mich zurück.

Am nächsten Abend war das Publikum ebenso groß und enthusiastisch und meine „Abschiedsrede" berührte mich so tief, dass kein Auge im Saal trocken blieb.

Bruder Pratt drängte mich, ein reguläres Mitglied seiner Truppe zu werden. Doch obwohl er mir ein gutes Gehalt anbot und mir das angenehme Leben eines Wanderschauspielers glühend vor Augen führte, lehnte ich ab, da ich in dieser Hinsicht keine Ambitionen hegte. Außerdem war es meine Pflicht, mit Mrs. Raymond ohne unnötige Verzögerung nach Pittsburgh zu kommen.

Nachdem ich fast fünfzig Dollar als meinen Anteil am Erlös erhalten hatte, verabschiedete ich mich von Bruder Pratt und seiner Gesellschaft und setzte meine Reise fort, natürlich in Begleitung meiner schönen Freundin.

Ich wünschte, ich hätte genügend Zeit und Platz, um alle Abenteuer zu beschreiben, die wir vor unserer Ankunft in Pittsburgh erlebt haben. Aber solche Einzelheiten würden zu viel Platz einnehmen, und ich muss die wenigen Seiten, die mir noch bleiben, so gut wie möglich nutzen.

Wir überquerten die Alleghenies , nahmen den Kanal bei Johnstown und erreichten bald Pittsburg. Hier ließen wir unsere Kleidung grundlegend verbessern und stiegen in einem anständigen Hotel ab, wobei Mrs. Raymond weiterhin ihren männlichen Charakter bewahrte.

Durch sorgfältige Nachforschungen fanden wir heraus, dass der Schurke Livingston in der Stadt war, und meine schöne Freundin bereitete sich darauf vor, das niederträchtige Unrecht zu rächen, das er ihr zugefügt hatte.


### FUßNOTEN:

[ICH] Alle , die das Glück haben, Bill Pratt *alias* „The Original Beader " zu kennen, werden bestätigen, dass es nie einen geistreicheren, lustigeren oder besseren Menschen gegeben hat.

[II] Dieses Wort bedeutet in der Theatersprache „eine Sprache verwenden, die der Autor des Stücks nie geschrieben hat".

# KAPITEL VII

### *Eine Tat voller Blut und Grauen.*

Es fiel uns nicht schwer, Livingstons Wohnort zu ermitteln, denn er war in der Stadt wohlbekannt. Er wohnte in einem schönen Haus an einer der Hauptstraßen, und wir entdeckten, dass der gesetzlose Schurke tatsächlich als Anwalt tätig war!

„Mein lieber Freund", sagte Mrs. Raymond eines Tages zu mir, als wir am Flussufer entlangspazierten, „ich werde nicht zulassen, dass Sie sich meinetwegen in irgendwelche Schwierigkeiten verwickeln. Sie dürfen nichts mit diesem Livingston zu tun haben. Sie müssen sich ganz im Hintergrund halten. Meine Aufgabe ist es, ihn zu bestrafen. Ich sage Ihnen offen, dass ich den Mann töten werde. Er ist nicht lebenswert und darf seine Schurkenkarriere nicht fortsetzen. Was auch immer mein Schicksal sein mag, ich bitte Sie, seien Sie meinetwegen nicht unglücklich. Wenn ich das Herzblut von Livingston vergossen habe, werde ich bereit sein, auf dem Schafott zu sterben. Bis zum letzten Augenblick meines Lebens werde ich Ihnen gegenüber ein Gefühl der innigsten Dankbarkeit hegen; Sie haben alle Ihre eigenen Pläne geopfert, um mich hierher zu begleiten, und während der gesamten langen Reise haben Sie mich mit einem Maß an Freundlichkeit und Aufmerksamkeit behandelt, das ich nie vergessen werde, solange ich lebe. Aber ein Waffenstillstand mit der Melancholie; lassen Sie uns das Thema wechseln."

„Von ganzem Herzen", sagte ich. Und wir verließen das Flussufer und gingen hinauf ins Stadtzentrum .

Wir kamen an einem eleganten Wohnhaus vorbei, an dessen Tür ein silbernes Schild mit dem Namen „Livingston" hing. Dies war die Residenz des Schurken, der Mrs. Raymond ruiniert hatte.

Vor der Tür hielt eine Kutsche, aus der ein großer, stattlicher, nach der neuesten Mode gekleideter Mann sprang. Er half einer schönen und elegant gekleideten Dame aus dem Wagen und geleitete sie ins Haus.

„Dieser Mann ist Livingston, und diese Frau muss *eine seiner Frauen sein* ", sagte Mrs. Raymond mit einem bitteren Lächeln, während sie ihre Hand auf ihre Brust legte, wo sie, wie ich wusste, ein Dolchmesser trug.

„Mein Freund", fuhr sie nach einer Pause fort, „verlass mich; ich kann meine blutige Aufgabe genauso gut jetzt wie zu jeder anderen Zeit erfüllen. Ich werde mir einen Vorwand ausdenken, um ein Treffen mit Livingston zu erbitten, und dann werde ich ihm, ohne ein einziges Wort zu sagen, einen Dolchstoß ins Herz versetzen. Leb wohl, vergiss mich und sei glücklich!"

„Bleiben Sie", sagte ich, „Sie dürfen mich nicht so verlassen. Lassen Sie mich Sie überreden, Ihren schrecklichen Plan in Bezug auf Livingston zumindest für den Augenblick aufzugeben . Sie sind aufgeregt, aufgeregt; warten Sie, bis Sie wieder ruhig und zu nüchternen Überlegungen fähig sind."

Mrs. Raymond blickte mich mit einem Ausdruck der Wut an und sagte leidenschaftlich:

*solchen* Rat zu geben ? Sie kannten die ganze Zeit das Ziel meiner Reise, und jetzt, in letzter Minute, als sich eine ausgezeichnete Gelegenheit bietet, dieses Ziel zu erreichen, versuchen Sie mich von meinem Vorhaben abzubringen. Habe ich Ihren Charakter völlig falsch eingeschätzt? Sind Sie wirklich so schwachsinnig und so mut- und temperamentlos, wie Ihre Sprache es vermuten lässt? Als dieser junge Raufbold Sie in Philadelphia verstümmelte, dachten Sie nicht, dass Sie vollkommen richtig gehandelt haben? Nun, dieser Livingston hat das Glück meines Lebens zerstört und mich von einer reichen Dame in eine mittellose Bettlerin verwandelt. Sagen Sie, verdient er nicht den Tod ? "

„Ja, warum", war meine widerstrebende Antwort, „aber dann scheint es mir doch zu schrecklich, diese grauenhafte Angelegenheit absichtlich und kaltblütig zu tun."

„Er hat kaltblütig und mit Bedacht den Untergang meines Friedens, meines Glücks und meines Vermögens geplant und bewirkt", erwiderte Mrs. Raymond im Tone fester Entschlossenheit – „und deshalb ist es nur gerecht, dass er kaltblütig und mit Bedacht getötet wird. Noch einmal, leb wohl; bei allem, was mir heilig ist, schwöre ich, dass du mich nicht von meinem Vorhaben abbringen wirst. Ich schätze dich sehr – aber wenn du versuchst, mich mit Gewalt festzuhalten, soll dein Herz die Spitze meines Messers kennenlernen!"

„Ich habe nicht vor, Gewalt anzuwenden", sagte ich vorwurfsvoll, „aber selbst wenn ich es *täte* , würde mich keine solche Drohung wie die, die Sie gerade ausgesprochen haben, davon abhalten. Gehen Sie, mein Freund, gehen Sie – tun Sie, was Sie wollen; aber ich werde mit Ihnen gehen, denn ich schwöre, dass ich Sie nicht verlassen werde."

Diese Ankündigung berührte Mrs. Raymond zutiefst. Sie umarmte mich und bat mich um Verzeihung für ihre Ausdrucksweise.

„Verzeihen Sie mir, mein bester, mein einziger Freund", sagte sie. „Die Treue und Ergebenheit, die Sie mir gegenüber immer gezeigt haben, hätte zu anderen Ausdrücken führen sollen. – Wenn Sie *entschlossen sind* , mich zu begleiten und mir bei dieser Angelegenheit beizustehen, *folgen Sie mir* ."

Ich gehorchte in der Hoffnung, die Ausführung der schrecklichen Tat, die sie plante, verhindern zu können.

Sie klingelte an der Tür, die von einem Diener geöffnet wurde.

„Ich möchte Ihren Herrn sofort in einer bestimmten Angelegenheit sprechen", sagte die verkleidete Frau.

„Welchen Namen, Sir?", fragte der Diener.

„Das ist egal. Sagen Sie Mr. Livingston, dass zwei Herren ihn in einer äußerst wichtigen Angelegenheit sprechen möchten."

Die Dienerin verschwand, kam aber bald zurück und sagte, sie würde uns zu ihrem Herrn führen.

Wir folgten ihr in eine hübsch eingerichtete Bibliothek, wo Mr. Livingston saß und einige Briefe durchsah. Er warf uns einen flüchtigen Blick zu und sagte:

„Nun, meine jungen Herren, was kann ich heute für Sie tun? Möchten Sie mich in einer Rechtsfrage konsultieren? Ich stehe Ihnen jederzeit zur Verfügung."

Es war offensichtlich, dass der Schurke die Frau, der er so schändliches Unrecht angetan hatte, nicht erkannte.

Mrs. Raymond sagte kein einziges Wort, sondern schob ihre Hand auf ihre Brust und näherte sich langsam dem Urheber ihres Verderbens, der noch immer seine Briefe las, ohne zu wissen, welche schreckliche Gefahr über ihm schwebte.

Ich beobachtete Mrs. Raymond mit größter Aufmerksamkeit und war fest entschlossen, im entscheidenden Moment vorzuspringen und die verzweifelte Frau an der Ausführung ihres tödlichen Vorhabens zu hindern.

Es war eine zutiefst interessante und aufregende Szene, die ich nie vergessen werde. Dort saß das beabsichtigte Opfer, dessen Seele in den schrecklichen Grenzen einer endlosen Ewigkeit schwebte; dort stand die Rächerin ihres eigenen Unrechts, ihre rechte Hand umklammerte nervös den Griff der Waffe in ihrer Brust, ihr Gesicht war totenbleich und ihre Augen blitzten vor wilder Aufregung. Und dort stand ich, zitternd vor Aufregung und bereit, im richtigen Moment vorzuspringen, um die Vollendung einer blutigen Tragödie zu verhindern.

Mr. Livingston blickte plötzlich von seinen Briefen auf und erschrak, als er das bleiche und zornige Gesicht von Mrs. Raymond erblickte, deren Augen mit einem Ausdruck tödlichsten Hasses auf ihn gerichtet waren.

„Ihr Gesicht kommt mir sehr bekannt vor. Sind wir uns nicht schon einmal begegnet?", fragte Livingston.

„Ja", antwortete Mrs. Raymond ruhig, „wir *sind* uns schon einmal begegnet."

„Diese Stimme!", rief der verdammte Schurke – „ich kenne sie doch. Wer bist du und was willst du von mir?"

„Ich bin das Opfer Ihrer verräterischen Schurkerei und ich will Rache!", schrie Mrs. Raymond, während sie blitzschnell und bevor ich sie daran hindern konnte ihre Waffe zog und sie Livingston ins Herz stieß, worauf dieser von seinem Stuhl auf den Boden fiel und sofort starb.

„Jetzt bin ich zufrieden", sagte die Frau, während sie kühl das Blut von der Klinge ihres Messers wischte.

Worte können den Schrecken nicht beschreiben, den der Gedanke an diese blutige Tat in mir auslöste. Ich hatte zwar selbst einen Menschen getötet, aber das geschah aus Selbstverteidigung und inmitten der Hitze und Aufregung eines persönlichen Kampfes. *Diese* Tat hingegen war kaltblütig und vorsätzlich begangen worden, und obwohl Mrs. Raymond zweifellos sehr große Unrechte begangen hatte, konnte ich es in meinem Herzen nicht finden, sie für das zu rechtfertigen, was sie getan hatte.

Wie bittere Vorwürfe machte ich mir, dass ich nicht wirksame Mittel ergriffen hatte, um die Ausführung dieser entsetzlichen Tat zu verhindern, selbst auf die Gefahr hin, mir Mrs. Raymonds strengen und ewigen Unmut zuzuziehen! Ich fühlte mich in gewissem Maße als Mittäterin des Verbrechens und fürchtete, dass das Gesetz mich auf jeden Fall als solche betrachten würde.

„Was geschehen ist, lässt sich jetzt nicht mehr ändern", sagte ich zu Mrs. Raymond, die ruhig dastand und die Leiche ihres Opfers betrachtete. „Kommen Sie, lassen Sie uns das Haus verlassen und durch die Flucht in Sicherheit kommen. Möglicherweise können wir den Folgen dieser blutigen Tat entgehen."

„Nein", sagte die Frau, „ *ich* werde mich keinen Zentimeter rühren. Ich habe die Welt von einem Ungeheuer befreit und bin nun bereit, meine Belohnung entgegenzunehmen, selbst wenn es das Schafott ist. Aber geh, mein Freund – geh und sorge für deine eigene Sicherheit."

„Nein, ich werde dich nicht verlassen, selbst wenn ich dein Schicksal teilen müsste", war meine Antwort. Das war ein sehr dummer Entschluss, das gebe ich zu; denn was hätte es ihr nützen können, wenn ich bei ihr bliebe ? Ich brachte mich damit nur in eine Lage höchster Gefahr. Aber ich hielt es für falsch, Mrs. Raymond in dieser dunklen und schweren Stunde im Stich zu lassen; und da sie sich weigerte zu fliehen, beschloss ich, bei ihr zu bleiben.

Jemand öffnete leise die Tür und eine weibliche Stimme sagte:

„Meine Liebe, sind Sie besonders beschäftigt? Darf ich hereinkommen?"

Als sie keine Antwort hörte, trat die schöne Sprecherin mit einem Lächeln auf ihren rosigen Lippen ein. Diese Dame war die frischgebackene Frau von Livingston. Sie war natürlich in glücklicher Unwissenheit über seinen wahren Charakter gewesen und wusste auch nicht, dass er bereits mehrere Frauen geheiratet hatte.

Als sie uns sah, war sie überrascht, denn sie wusste nicht, dass ihr Mann Besuch hatte. Plötzlich fiel ihr Blick auf Livingstons blutende Leiche, die auf dem Boden lag. Als sie diesen grauenhaften Anblick sah, stieß sie einen durchdringenden Schrei aus und fiel bewusstlos zu Boden.

Dieser schrille, qualvolle Schrei durchdrang jeden Teil des Hauses und brachte alle Insassen in die Bibliothek, um zu sehen, was geschehen war. Entsetzen ergriff die Gruppe, als sie auf die schreckliche Szene starrten. Ein paar Minuten lang herrschte tiefste Stille. Diese wurde schließlich von einem der männlichen Diener gebrochen, der verlangte:

"Wer hat das getan?"

"Ich habe es getan", antwortete Mrs. Raymond ruhig. "Ich allein bin schuldig. Hier ist die Waffe, mit der ich die Tat begangen habe. Dieser junge Mann hier ist völlig unschuldig. Er hat versucht, die Tat zu verhindern, aber ich war ihm zuvorgekommen. Lassen Sie mich sofort ins Gefängnis bringen."

Die herbeigerufenen Beamten trafen bald ein und nahmen uns beide in Gewahrsam, trotz der leidenschaftlichen Beteuerungen von Mrs. Raymond, dass ich in keiner Weise mit der Angelegenheit etwas zu tun hätte.

„Das muss zur Zufriedenheit höherer Autoritäten als uns selbst bewiesen werden", sagte einer der Beamten. „Auf jeden Fall ist es unsere Pflicht, diesen jungen Mann als Zeugen zu gewinnen. Wenn er unschuldig ist, wird er das zweifellos beweisen können."

Eine halbe Stunde später war ich Insasse des Gefängnisses von Pittsburgh, in einer Wohnung neben der von Mrs. Raymond, deren wahres Geschlecht noch immer unbekannt war.

# KAPITEL VIII

### *Eine Flucht und ein Triumph.*

Nach einigen Wochen Haft verriet Mrs. Raymond meinem Rat entsprechend dem Gefängnisdirektor das Geheimnis ihres Geschlechts und erzählte ihm auch von dem großen Unrecht, das ihr von Livingston widerfahren war. Der Beamte, ein guter und menschlicher Mann, war von dieser Erzählung tief berührt. Er brachte Mrs. Raymond sofort in ein bequemeres Zimmer und ließ sie mit einer Fülle von Damenbekleidung ausstatten, die sie nun wieder anzog. Ihre Geschichte erschien natürlich in allen Zeitungen und erregte das tiefste Mitgefühl für sie. Ein Redakteur behauptete kühn, dass sich unter diesen Umständen keine Jury finden ließe, um die schöne Gefangene zu verurteilen. Was meinen Fall betraf, wurde die Angemessenheit meiner sofortigen Entlassung aus der Haft stark betont, eine Meinung, der ich voll und ganz zustimmte.

Ich werde mich so kurz wie möglich mit diesen Angelegenheiten befassen. Ich wurde zuerst vor Gericht gestellt und die Geschworenen sprachen mich frei, ohne ihre Plätze zu verlassen; Mrs. Raymond wurde lediglich des Totschlags vierten Grades für schuldig befunden, so groß war das Mitgefühl, das man für sie hegte, und der Richter verurteilte sie zu einer Gefängnisstrafe von zwei Jahren. Obwohl ich sie für besonders glücklich hielt, eine vergleichsweise milde Strafe zu erhalten, beschloss ich, ihre Freilassung auf die eine oder andere Weise zu erwirken.

Ich möchte hier auch anmerken, dass Livingstons letzte Frau und Opfer den Schlag nicht überlebte. Sie starb bald an gebrochenem Herzen.

Mein erster Schritt war, nach Harrisburg, der Hauptstadt des Staates, zu gehen, um Mrs. Raymonds Begnadigung bei Gouverneur Porter zu erbitten. Dieser war berühmt und wurde von manchen Parteien stark verurteilt für seine ständige Bereitschaft, Gefangene, die wegen der schwersten Straftaten verurteilt wurden, mit Begnadigung zu belohnen. [K] Es gelang mir problemlos, eine Unterredung mit Seiner Exzellenz zu erreichen, die ich als eine sehr kluge Persönlichkeit einstufen konnte. Nachdem ich ihr mein Anliegen mitgeteilt und alle Einzelheiten von Mrs. Raymonds Fall geschildert hatte, drängte ich sie mit aller mir zur Verfügung stehenden Beredsamkeit auf Gnade.

Der Gouverneur hörte mir aufmerksam zu und als ich geendet hatte, sagte er:

„Ich bin sehr geneigt, dieser höchst unglücklichen Dame zu begnadigen. Aber ich habe in letzter Zeit so viele verurteilte Gefangene begnadigt, dass die Presse und das Volk im Allgemeinen gegen mich sind, und ich wage es im Augenblick wirklich nicht, weitere Begnadigungen auszusprechen. Ich werde jedoch die Strafe der Dame von zwei Jahren auf ein Jahr verkürzen."

Mit diesem Teilzugeständnis musste ich mich zufriedengeben. Die notwendigen Dokumente wurden ausgefertigt und mit ihnen reiste ich zurück nach Pittsburgh. Als ich die Zelle meiner schönen Freundin betrat und ihr erzählte, was ich für sie bewirkt hatte, brach sie in Tränen der Dankbarkeit und Freude aus. Ein langes Jahr ihrer Strafe zu ersparen, war sicherlich eine Überlegung wert.

"Nur Mut, mein Freund!", sagte ich, "selbst wenn Sie den Rest Ihrer Strafe absitzen müssen, was, wie ich hoffe, nicht der Fall sein wird, wird bald ein Jahr vergehen. Ich werde Pittsburgh nicht verlassen, bis Sie frei sind. Sie werden mich oft sehen, und ich werde dafür sorgen, dass Sie mit allem versorgt sind, was zu Ihrem Wohlbefinden beiträgt. Bleiben Sie gutherzig, Sie haben wenigstens einen Freund, der Sie nie im Stich lassen wird."

Drei Monate vergingen, in denen ich mir durch das Schreiben für verschiedene Zeitungen und Zeitschriften einen ausgezeichneten Lebensunterhalt verdiente. Dreimal wöchentlich hatte ich ein Gespräch mit Mrs. Raymond, der ich jeden Komfort und Luxus bot, den die Gefängnisregeln erlaubten. Sie hatte gerade noch neun Monate abzusitzen, als ich eines Tages unerwartet ihre Freilassung auf folgende Weise bewirken konnte.

Ich hatte sie wie üblich aufgesucht. Nach einem Gespräch von etwa einer halben Stunde verabschiedete ich mich von ihr und verließ ihre Wohnung. Um auf die Straße zu gelangen, musste ich durch das Büro des Gefängnisses gehen. In diesem Büro saßen normalerweise drei oder vier Wärter, von denen immer einer zu Mrs. Raymonds Tür ging und sie abschloss, nachdem ich sie verlassen hatte.

Als ich bei dem Vorfall, von dem ich jetzt spreche, das Büro betrat, fand ich dort nur einen Schließer vor, der *fest schlief* . Ich beschloss sofort, den glücklichen Umstand, den mir das Schicksal beschert hatte, auszunutzen.

Ich eilte zurück zu Mrs. Raymonds Zelle, erzählte ihr kurz den Stand der Dinge und bat sie, mir zu folgen. Sie gehorchte, wie man sich vorstellen konnte, ohne viel Widerstreben. Wir gingen durch das Büro und hinaus auf die Straße; doch bevor wir gingen, steckte ich den Schlüssel von innen nach außen in die Tür und schloss den schlafenden Schließer ein, damit er uns nicht sofort verfolgen konnte, wenn er aufwachte und die Flucht seiner Gefangenen entdeckte.

Ich war einigermaßen gut mit Bargeld ausgestattet, und meine schöne Freundin kaufte auf meinen Vorschlag hin einen eleganten Hut und einen Schal – denn man wird sich erinnern, sie hatte die für das weibliche

Geschlecht angemessenen Kleidungsstücke wieder angenommen. Ich selbst war außerordentlich gut gekleidet, und es war keine Änderung meines Kostüms nötig, um ein respektables Erscheinungsbild zu präsentieren.

Ich hatte keine ernsthaften Befürchtungen, dass große Anstrengungen unternommen würden, um die Flüchtige zu fassen, da sie nur neun Monate zu verbüßen hatte und daher als Gefangene keine große Bedeutung hatte. Außerdem hoffte ich, dass der gutherzige Gefängnisdirektor aus Barmherzigkeit keine außergewöhnlichen Anstrengungen in dieser Angelegenheit unternehmen würde. Aber diese Überlegungen hielten mich nicht davon ab, ein angemessenes Maß an Vorsicht walten zu lassen.

Wir verließen Pittsburgh an diesem Abend in Richtung Philadelphia, wo wir zur rechten Zeit ankamen. Ich suchte und fand sofort eine Anstellung als Schriftstellerin mit einem großzügigen Gehalt. Ein paar Tage nach unserer Ankunft in Philadelphia sagte Mrs. Raymond zu mir:

„Mein lieber Freund, ich werde Ihnen nicht zur Last fallen. Hören Sie sich den Plan an, den ich Ihnen vorschlage. Ich denke daran, auf die Bühne zu gehen."

„Was, und Schauspielerin werden?"

„Ja. Ich bilde mir ein, dass meine Stimme und meine Figur beide passabel sind, und ich glaube wirklich, dass ich ein gewisses Talent für den Theaterberuf besitze. Eine respektable Schauspielerin erhält immer ein gutes Gehalt. Wenn der Plan Ihre Zustimmung findet, werde ich mich in die Obhut eines kompetenten Lehrers begeben, und mein *Debüt* werde ich so bald wie möglich geben."

Ich versuchte nicht, Mrs. Raymond von diesem Plan abzubringen, den ich in der Tat für eine sehr gute Idee hielt. Wenn sie erst einmal erfolgreich auf der Bühne aufgetreten wäre, hätte sie einen Beruf, der ihr eine unfehlbare Lebensgrundlage bieten würde.

Nach bestem Wissen und Gewissen besaß sie alle geistigen und körperlichen Voraussetzungen, die eine gute Schauspielerin ausmachen. Sie war schön und munter, talentiert und gebildet – und besaß außerdem den erlesensten Geschmack und das beste Können als Sängerin und Musikerin. Ich sah keinen Grund, warum sie auf der Bühne nicht ebenso erfolgreich sein sollte wie viele tausendmal weniger talentierte Frauen, wenn nicht sogar noch erfolgreicher. Ermutigt durch meine herzliche Zustimmung zu ihrem Plan und gemäß meiner Empfehlung handelnd, unterwarf sich die schöne Anwärterin auf dramatische Ehren einem beliebten und bekannten Schauspieler, der der Aufgabe, die er übernommen hatte, durchaus gewachsen war.

Ein paar Monate vergingen, und meine schöne Freundin kündigte an, dass sie fast bereit für ihren ersten Auftritt sei. Ich war entzückt über die schnellen und zufriedenstellenden Fortschritte, die sie gemacht hatte. Die Rezitationen, mit denen sie mich gelegentlich beglückte, wurden im höchsten Stil der Redekunst vorgetragen und überzeugten mich, dass ihr der größte Erfolg bestimmt war.

Sie schlug vor, ihr *Debüt* als *Beatrice* in Shakespeares großartiger Komödie „Viel Lärm um Nichts" zu geben – eine Rolle, die ihre schelmische Lebhaftigkeit und bezaubernde Lebhaftigkeit perfekt zur Geltung bringen würde. Ich sah sie die Rolle proben und war überzeugt, dass sie einen brillanten Triumph erzielen *würde* – eine Meinung, der ihr zufriedener Lehrer, der Direktor und mehrere der führenden Schauspieler und Schauspielerinnen des Theaters voll und ganz beipflichteten.

Endlich kam der ereignisreiche Abend, und das Haus war in allen Teilen voll. Ich setzte mich in eine Privatloge neben den Schauspieler, der Mrs. Raymond unterrichtet hatte, und erwartete ihren Auftritt voller Zuversicht. Der Vorhang hob sich, und das Stück begann. Als *Beatrice* auftrat, wurde sie mit einem wahren Applaussturm begrüßt. Ihr Auftritt in ihrem eleganten und kostbaren Bühnenkostüm war wirklich großartig. Vollkommen selbstsicher und unbeeindruckt von dem Meer der Gesichter, die sich vor ihr ausbreiteten, spielte sie ihre Rolle und wurde häufig durch ohrenbetäubende Beifallsrufe unterbrochen. Der *Benedict* des Abends war ein sehr guter Schauspieler, und der *Dogberry* war ein so lustiger Hund wie nie zuvor, was ein breites Grinsen oder ein herzliches Lachen hervorrief – die gesamte Komödie wurde auf bewundernswerteste Weise abgespielt, und als meine schöne Freundin am Ende laut gerufen wurde, wurde sie von *Benedict vor den Vorhang geführt* . Ein Regen von Blumensträußen begrüßte sie nun, und nachdem sie die Freundlichkeit des Publikums anmutig anerkannt hatte, zog sie sich zurück.

Dieser durchschlagende Erfolg veranlasste den Manager, Mrs. Raymond für ein großzügiges Gehalt einzustellen. Sie trat später mit gleichem Erfolg in einer Reihe der besten Charaktere auf, und die Presse und alle Zungen lobten sie in höchsten Tönen. Sie war nun auf dem besten Weg, ein ebenso großes Vermögen zu erwerben wie das, das sie durch die Schurkerei von Livingston verloren hatte.

Da ich sie für eine höhere Position als die einer gewöhnlichen Schauspielerin hielt, riet ich ihr, nach einem einjährigen Aufenthalt in Philadelphia als *Star auf Tournee zu gehen* . Sie willigte eifrig ein und ich begleitete sie nach New York, wo sie sofort von dem verstorbenen Thomas S. Hamblin vom Bowery Theatre engagiert wurde. [L] Ihr Erfolg in diesem beliebten Etablissement war beispiellos in den Annalen dramatischer Triumphe. Abend für Abend wurde sie von einem großen, begeisterten und hingerissenen Publikum begrüßt. Kurz gesagt, sie wurde eine der berühmtesten Schauspielerinnen ihrer Zeit.

## FUßNOTEN:

[K] Als Beispiel für seine Neigung, andere zu verzeihen, wird von Gouverneur Porter berichtet , dass ihn einmal, nachdem seine Amtszeit abgelaufen war, ein Herr auf der Straße versehentlich anrempelte. „Ich bitte um Verzeihung", sagte der Herr. „Ich kann sie nicht gewähren", sagte Herr Porter, „denn ich bin nicht länger Gouverneur."

[L] Aus leicht verständlichen Gründen habe ich den Namen, den Mrs. Raymond annahm, nachdem sie den Beruf des Schauspielers ergriff, nicht angegeben.

# KAPITEL IX

## *Ein Unfall – ein Selbstmord – und ein Wohnortwechsel.*

Ein schrecklicher Unfall beendete abrupt Mrs. Raymonds glänzende Karriere. Eines Nachts, als sie sich in ihrem Privatgemach im Theater ankleidete, explodierte eine Camphenlampe und ihr Gesicht erlitt schreckliche Verbrennungen. Ihre Schönheit war für immer zerstört und ihre Karriere auf der Bühne beendet. Damit wurde dem Publikum eine höchst erfreuliche Quelle der Unterhaltung genommen und eine beliebte Schauspielerin aus dem Beruf geworfen, gerade als sie den Gipfel des Ruhms erreicht hatte und auf dem besten Weg war, ein schönes Vermögen zu erwerben.

Es wäre mir unmöglich, den Kummer, die Bestürzung und das Entsetzen der unglücklichen Frau über diesen traurigen Unfall zu beschreiben. Vergeblich versuchte ich, sie zu trösten, sie weigerte sich, sich trösten zu lassen. Sie gab sich der Verzweiflung hin, und ich ließ sie ständig und streng überwachen, da ich befürchtete, sie könnte einen Selbstmordversuch unternehmen.

Das Theaterpublikum fand bald ein neues Idol und die arme Mrs. Raymond geriet in Vergessenheit. Ihr Gesicht war schrecklich entstellt und es war ein großes Glück, dass sie ihr Augenlicht nicht verloren hatte. Als es ihr wieder gut genug ging, bemühte sie sich um eine Stelle als Musiklehrerin, wurde jedoch von jedem, an den sie sich wandte, wegen ihres abstoßenden Gesichtsausdrucks kurzerhand abgewiesen. Dies verstärkte natürlich die dunkle Verzweiflung, die ihre Seele überschattete, noch weiter.

„Mein Freund", sagte sie eines Tages zu mir, „ich werde dieses schreckliche Unglück nicht lange überleben. Mein Herz bricht und der Tod wird meinen Leiden bald ein Ende setzen."

„Komm, komm", sagte ich, „wo ist deine Philosophie? Hast du nicht ebenso große Prüfungen durchgemacht wie diese? Solange es Leben gibt, gibt es Hoffnung; und du wirst noch glücklich sein."

Ich äußerte diese banalen Ausdrücke, weil ich nicht wusste, was ich sonst sagen sollte. Mrs. Raymond antwortete mit einem traurigen Lächeln:

„Ach! Bei all Ihrem Wissen über die Welt wissen Sie nicht, wie sich eine Frau fühlt, wenn sie plötzlich ihrer Schönheit beraubt wird. Der Geizhals, der seinen Reichtum verliert – die liebevolle Mutter, der der Tod ihr geliebtes Kind entreißt; diese Hinterbliebenen empfinden ihren Verlust nicht stärker, als eine einstmals schöne Frau den Verlust ihrer Reize empfindet. Sprechen Sie mit mir nicht über Philosophie, denn eine solche Sprache ist Hohn."

Ich besuchte meine unglückliche und nicht mehr schöne Freundin sehr oft, aber alle meine Versuche, sie aufzumuntern, schlugen fehl. Sie beharrte darauf, dass sie nicht mehr lange auf dieser Welt sein würde, und ich begann, dies selbst zu glauben, denn ihre Stimmung ließ rasch nach. Ich sah, dass sie mit allen Annehmlichkeiten versorgt war, aber ach! Glück war für sie für immer unerreichbar.

Eines Abends machte ich mich auf den Weg, um sie zu besuchen. Als ich das Haus erreichte, in dem sie gewohnt hatte, teilte mir die Vermieterin mit, dass sie Mrs. Raymond den ganzen Tag nicht gesehen hatte.

„Das ist sehr merkwürdig", bemerkte die Frau. „Ich habe fünf oder sechsmal an die Tür ihres Zimmers geklopft, aber sie hat mir nicht geantwortet, obwohl ich weiß, dass sie nicht ausgegangen ist."

Diese Worte ließen mich von einer schrecklichen Befürchtung überwältigt werden. Aus Angst, dass etwas Schreckliches passiert war, rannte ich die Treppe hinauf und klopfte laut an die Tür von Mrs. Raymonds Zimmer. Als ich keine Antwort erhielt, riss ich die Tür auf und meine schlimmsten Befürchtungen wurden wahr, denn dort auf dem Boden lag der leblose Körper dieser äußerst unglücklichen Frau. Sie hatte Selbstmord begangen, indem sie Arsen einnahm.

Dieses schreckliche Ereignis hat mich tiefer getroffen als irgendein anderes Ereignis in meinem Leben. Ich hatte mich an Mrs. Raymond gewöhnt, weil wir uns freundschaftlich verstanden. Wir waren weit zusammen gereist und hatten große Gefahren gemeinsam bewältigt. Das war ein weiteres Band, das uns verband. Außerdem bewunderte ich sie für ihr Talent und insbesondere für ihre heldenhafte Entschlossenheit. Sie war insgesamt eine ganz außergewöhnliche Frau, und unter diesen Umständen war es kein Wunder, dass ihr tragisches Ende in mir tiefste Trauer hervorrief.

Nachdem ich ihren sterblichen Überresten zu ihrer letzten Ruhestätte gefolgt war, tat ich etwas, was ich sehr gewohnt war – ich setzte mich hin, um ein wenig ernsthaft nachzudenken, und das Ergebnis davon war, dass ich beschloss, nach Boston zu gehen, denn New York war mir zu langweilig geworden. Außerdem wusste ich, dass Boston die große Fundgrube der amerikanischen Literatur war – das „Athen Amerikas", und ich zweifelte nicht an meiner Fähigkeit, dort Ruhm und Geld zu erlangen.

Also ging ich nach Boston. Am ersten Tag meiner Ankunft fuhr ich nach Charlestown, um mir das Bunker Hill Monument anzusehen. Nachdem ich meine Neugier befriedigt hatte, schlenderte ich in eine Druckerei, kam mit dem Eigentümer ins Gespräch und das Ergebnis war, dass ich für ein bescheidenes Gehalt eingestellt wurde, um eine alteingesessene Wochenzeitung mit begrenzter Auflage mit dem Titel „Bunker Hill Aurora and Boston Mirror" zu redigieren und die gesamte Leitung zu übernehmen. Dieses Journal gewann bald an Ansehen und Auflage, denn ich füllte es mit guten Originalgeschichten und munteren Leitartikeln. Doch man würdigte mich nicht, denn mein Name erschien nie im Zusammenhang mit meinen Werken und die Leute glaubten, W. , der Eigentümer, sei der Autor der vorgenommenen Verbesserungen.

"Meine Güte!", sagten die Abonnenten der *Aurora* , "der alte W. ist endlich aufgewacht. Seine Zeitung ist jetzt voll mit erstklassiger Lektüre, während sie früher keinen Platz wert war!"

Wie viele Beispiele dieser Art habe ich gesehen – von Schriftstellern, die mit ihren Federn und Gehirnen zum Wohle und zur Ehre undankbarer Elender ohne Verstand, Seele, Ehre oder Menschlichkeit schuften! Charlestown ist wahrscheinlich der gemeinste und verachtenswerteste Ort im ganzen Universum – absolut ungeeignet als Wohnort für einen Mann, der sich *weiß nennt* . Die Einwohner gehören alle der Familie *Paul Pry* an. Begibt sich ein Fremder unter sie, und sofort beginnen neugierige Gerüchte über ihn wie Federn in der Luft zu schweben. "Wer ist er? Was ist er? Woher kommt er? Was *macht er? Hat er Geld?* (Auf diese Frage wird großer Wert gelegt.) Ist er verheiratet oder ledig? Was sind seine Gewohnheiten? Lebt er Abstinenz? Raucht er, trinkt er, kaut er? Geht er sonntags zur Versammlung? Welcher Konfession gehört er an? Welche politischen Ansichten vertritt er? Benutzt er eine vulgäre Sprache? Wann geht er zu Bett – und wann steht er auf? Ich frage mich, was er heute zu Abend gegessen hat?" usw., usw., usw.
Während meines dreijährigen Aufenthalts in Charlestown lernte ich den berühmten Redakteur und Witzbold Corporal Streeter kennen, der mein Nachbar war. Ich wohnte übrigens in einem altmodischen Haus in der Wood Street . Zwei alte Birnbäume wedelten traurig mit ihren Zweigen vor dem Haus, und sie stehen immer noch dort, es sei denn, eine räuberische Hand hat sie gefällt – was der Himmel verhüten möge! Wenn ich diesen Ort jemals wieder besuche, werde ich das alte Haus mit Ehrfurcht betrachten – denn in ihm habe ich einige der glücklichsten Tage meines Lebens verbracht. Das antike Gebäude taufte ich „The Hermitage". Die kreischenden Katzen dieser Nachbarschaft boten mir eine hervorragende Gelegenheit zum Pistolenschießen.
Nach drei Jahren kam es zu einem kleinen „Missverständnis" mit Mr. W., dem Besitzer der Aurora, einem der unfassbar gemeinsten Menschen, denen ich je begegnen durfte. Er war es wert, der Besitzer der einzigen Zeitung in Charlestown zu sein, alias „ Hogtown ". Nachdem ich Mr. W. höflich gebeten hatte, sich so bald wie möglich zum Teufel zu scheren, verließ ich ihn und seine Kolonie voller Abscheu und verlegte mein Quartier nach Boston.

Hier widmete ich mich vorwiegend der Literatur und begann eine Reihe von Romanen zu schreiben. Wie sich jeder Bostoner erinnern wird, fanden diese beim Publikum großen Anklang.

In meinem nächsten Kapitel werde ich dem Leser erzählen, wie ein Herr in Schwierigkeiten geriet.

---

# KAPITEL X

### *Sechs Wochen im Leverett Street Gefängnis.*

Ein beliebter Schauspieler, der ein persönlicher Freund von mir war [M], nahm an einer Abschiedsvorstellung im Nationaltheater teil. Auf seine Einladung hin und kurz vor Schluss der Abendvorstellung versuchte ich, durch den Bühneneingang zu ihm zu kommen, um ihn in seiner Garderobe zu sehen, da er vorhatte, mit mir und mehreren Freunden zu Abend zu essen. Ein halb betrunkener Ire, der in irgendeiner untergeordneten Funktion in der Bühnenabteilung tätig war, hielt mich auf und befahl mir unverschämt, hinauszugehen. Ich behandelte den Griechen natürlich mit der Verachtung, die er verdiente, woraufhin er einen anderen übergroßen Moorläufer zu Hilfe rief, und die beiden griffen mich sofort mit großer Wut an. Da ich mich in Gefahr befand, ziemlich grob behandelt zu werden, zog ich eine kleine Taschenpistole und zielte auf ihre Schienbeine, da ich entschlossen war, dass zumindest einer von ihnen eine kurze Zeit lang auf Krücken herumhumpeln sollte. Die Zündkapsel der Pistole wollte jedoch nicht explodieren, und die beiden Landstreicher ließen mich sofort verhaften und klagten mich wegen „Körperverletzung mit Tötungsabsicht" an! Ich bekam sofort ein Privatapartment im Leverett Street-Gefängnis, wo ich sechs Wochen blieb. Während dieser Zeit lebte ich ziemlich gut und wurde reichlich mit gutem Essen versorgt, das nicht aus dem Gefängnis kam, sondern von außerhalb, mit Kerzen, Zeitungen, Büchern, Schreibmaterial usw. Während meiner Haft schrieb ich „The Gay Deceiver" und „Venus in Boston". Mein Nachbar war kein Geringerer als Dr. John W. Webster, der später wegen Mordes an Dr. Parkman hingerichtet wurde. Webster war ein großer Vielfraß und dachte bis zu seiner Todesstunde nur an seinen Magen. Aufgrund seiner „gesellschaftlichen Stellung" (!) wurde jeder Gefängniswärter sein Kellner; und ein gewisser rüpelhafter Schließer , der die Angewohnheit hatte, arme Gefangene auf die unerhörteste Weise zu misshandeln, schmeichelte dem Doktor wie ein hungriger Hund einem wohlwollenden Metzger.

Webster war sehr höflich zu mir und schickte mir häufig Bücher und Zeitungen – Gefälligkeiten, die ich ebenso oft erwiderte. Einmal schickte er mir ein Glas Konserven, eine Schachtel Sardinen und eine Flasche Wein. Letzteres Geschenk schätzte ich sehr, da Wein und Spirituosen aller Art verbotene Luxusgüter waren. An diesem Abend war ich sehr glücklich und gut gelaunt; aber ich verließ das Haus nicht.

Dr. Webster war zuversichtlich, freigesprochen zu werden; aber das Ergebnis bewies, wie schrecklich er sich geirrt hatte. Wahrscheinlich hat es in den Annalen der Strafrechtswissenschaft nie ein eindrucksvolleres Beispiel für gleiche und genaue Gerechtigkeit gegeben als den Prozess, die Verurteilung und die Hinrichtung von John W. Webster. Geld, einflussreiche Freunde, kompetente Beratung, Gebete, Petitionen und das *Prestige* eines wissenschaftlichen Rufs konnten ihn nicht vor dem Schicksal bewahren, das er ebenso verdiente, als wäre er der unbedeutendste Mensch auf der Welt gewesen.

Nach sechs Wochen Haft wurde ich vor den Oberrichter Wells gestellt. Ich wurde von einem sehr passablen Anwalt verteidigt, dem ich 25 Dollar dafür zahlte, dass er sich fünf Minuten lang mit einer Jury meiner Standesgenossen unterhielt, die aus zwölf hungrigen Individuen bestand, die zum Abendessen ausgehen wollten. Nachdem mein Rechtsberater ein paar wohlmeinende Bemerkungen gemacht hatte, zog sich die Jury zurück, um die Angelegenheit untereinander zu besprechen; und nach etwa fünfzehn Minuten Abwesenheit kehrten sie zurück und äußerten ihre Meinung, dass ich „nicht schuldig" sei. Diese Meinung ließ mich glauben, dass sie in der Tat sehr vernünftige Kerle waren. Nicht einen Moment lang dachte ich daran, eine Neuverhandlung zu fordern; das wäre unverschämt gewesen, da es die Klugheit der Jury in Zweifel gezogen hätte. Meine beiden irischen Ankläger verließen wütend den Gerichtssaal; und zwei weitere niedergeschlagene, enttäuschte und beschämte Griechen wurden nie wieder gesehen. Der Richter verabschiedete sich, die Zuschauer zerstreuten sich, und ich überquerte die Straße und speiste mit einer großen Gruppe von Freunden üppig bei Parker's.
Viele meiner Bostoner Leser werden sich an eine lange Artikelserie erinnern, die ich damals schrieb und in den Spalten einer Zeitung veröffentlichte, mit dem Titel „Geheimnisse des Leverett Street Jail". In diesen Skizzen beschrieb ich die Einrichtungen des Gefängnisses und seiner Beamten als „besondere Anfälle"; und die Art und Weise, wie die Kerle unter den Peinlichkeiten litten, war eine Warnung für kleine Tyrannen im Allgemeinen. Die überraschenden Enthüllungen, die ich machte, sorgten in der ganzen Gemeinde für große Aufregung; und ich habe guten Grund zu der Annahme, dass diese Enthüllungen dazu beitrugen, im Inneren des „Steinkrugs" eine weitaus bessere Lage herbeizuführen.
der Leverett Street geschildert . Rechtswidrige Damen und Herren sind jetzt in einem eleganten Etablissement in der Cambridge Street untergebracht , denn das alte Gefängnis wurde dem Erdboden gleichgemacht, um Platz für „moderne Verbesserungen" zu schaffen. – Ich besuchte es kurz vor Beginn seiner Zerstörung und betrachtete meine alte Wohnung „eher mit Trauer als mit Zorn". Da standen mein Name und ein paar Verse, die ich an die Wand geschrieben hatte. Da war der grobe Tisch, auf dem ich zwei Romane verfasst hatte, die ihrem Ton nach eher aus einem vergoldeten *Boudoir zu stammen schienen* . Dort stand auch im vergitterten Fenster ein kleiner Blumentopf, in dem ich eine einsame Pflanze gezüchtet hatte. Diese arme Pflanze war vor langer Zeit verdorrt und eingegangen, denn die Gefangenen, die nach mir kamen, hatten wahrscheinlich keinen Geschmack für solchen „Schund". Ich nahm die abgestorbenen Überreste meiner Lieblingsblume

und konservierte sie sorgfältig – „denn", sagte ich mir, „sie werden mich an einen dunklen Fleck in meinem Leben erinnern."
Und nun werde ich mich, mit der Erlaubnis des Lesers, Themen erheiterer Natur zuwenden.

## FUßNOTEN:

[M] Ich beziehe mich auf Herrn WG Jones, inzwischen verstorben.

# KAPITEL XI

## " *Die Onkel und Neffen.* "

Vorhang auf! Platz für die Boston Players. Lassen Sie sie nicht so auf uns zukommen, wie sie auf der Bühne erscheinen, mit Schminke, Pailletten, Perücken, Waden und Wattepads; sondern so, wie sie am helllichten Tag aussehen oder in der Bar, wenn das Stück vorbei ist, in moderne Kleidung gekleidet, mit ihren eigenen Gesichtern, ihre eigenen privaten Eide schwörend und echtes Malz aus ehrlichem Zinn trinkend, statt staubige Luft aus Pappbechern zu saugen. Platz, sage ich!

Es besteht eine enge Verbindung zwischen der Presse und der Bühne, das heißt eine Übereinstimmung von Charakter, Gewohnheiten, Geschmack, Gefühl und Veranlagung zwischen Autor und Schauspieler. Die Presse und die Bühne sind in gewissem Maße voneinander abhängig. Die Zeitung erwartet vom Theater leichte, flotte und lesbare Artikel, mit denen sie ihre Spalten schmücken kann, wie Blumengirlanden, die anmutig um Marmorsäulen hängen. Das Theater erwartet von der Zeitung unparteiische Kritiken und lobende Bemerkungen. Zeigen Sie mir eine gesellige Schauspielergruppe, und ich schwöre, dass mindestens zwei oder drei professionelle Autoren darunter sind. Ich kenne viele Schauspieler, die praktische Drucker sind, Leute, die einen Setzstock so geschickt handhaben können wie ein Kampfschwert. Ich wünsche ihnen allen ein langes Leben und Wohlstand, sage ich; und segne sie für eine sorglose, glückliche, vergnügungssüchtige, geldhassende und biertrinkende Menschheit. Amen.

Es gibt eine Ähnlichkeit zwischen dem Helden mit Socke und Halbstiefel und dem Ritter mit der Feder. Ersterer kleidet sich heraus und übernimmt die Sprache eines anderen, um einen bestimmten Charakter darzustellen; Letzterer kleidet seine Ideen in ein passendes Wortgewand und legt seinen Charakteren Gefühle in den Mund, die nicht immer seine eigenen sind. Aber ich sprach von den Boston Players.

Wenn man das obige Argument als richtig ansieht, ist es nicht verwunderlich, dass ich viele Bekanntschaften mit den Mitgliedern der Theaterbranche machte. Mein Name stand auf der Freikarteliste aller Theater der Stadt und jeden Abend besuchte ich eines oder mehrere dieser Häuser – nicht, um das Stück zu sehen, sondern um in den Salons mit den Schauspielern und Literaten zu plaudern, die sich an diesen Orten am häufigsten versammelten. Nach dem Stück versammelten wir uns alle in einem Wirtshaus in der Nähe des Haupttheaters und wurden oft mitten in unseren „Andachten" vom Tageslicht überrascht. Wir waren ganz sicher eine merkwürdige, gemischte Truppe! Ich werde versuchen, mich an die prominentesten Mitglieder unseres Clubs zu erinnern. Zunächst einmal war da der streitlustige und positive Jim Prior, den man durchaus als Präsidenten des Clubs bezeichnen könnte. Dann kam HW Fenno , Esq., der Gentleman-Schatzmeister des National. Er blieb jedoch selten stehen, nachdem er die Party einmal „durchgebracht" hatte. Der exzentrische „Old Spear" war in der Regel anwesend. Er saß in einer dunklen Ecke und rauchte einsam eine Zigarre. Der komische SD Johnson und sein hoffnungsvoller Sohn George waren normalerweise zur Stelle, um die Szene zu beleben ; und auch Jim Ring, alias J. Henry, der neben Daddy Rice beste schwarze Darsteller in den Vereinigten Staaten. Chunkey Monroe, der im National die Bösewichte spielte; und über ihm thront sein Cousin Lengthy Monroe, der im selben Etablissement die harten alten Knacker spielte. Dieser feine Kerl, Ned Sandford , darf nicht vergessen werden; ebenso wenig wie Sam Lake, der kluge kleine Tänzer. Rube Meer war immer in Gesellschaft eines Topfes Malz zu finden; und er wurde normalerweise von P. Jones unterstützt, einem Mann, der sich nie erlaubte, lustig zu sein, bis er vier Pints getrunken hatte. Charley Saunders, der Komiker und Dramatiker, der Autor von „Rosina Meadows" und vielen anderen populären Stücken, sorgte mit seinem Witz und seinen entsetzlich schlechten Wortspielen für „gebrüllte Stimmung" am Tisch. Bird, bekannt aus dem „Pea-nut Palace", hielt mit nasalem Akzent Vorträge vor Bill Colwell, dem Ehemann der hübschen und talentierten Anna Cruise. Big Sam Johnson, ein toller Schauspieler, ein galanter Hibernianer und ein großartiger Kerl, unterhielt sich mit seinem Freund und Zechkumpanen Sam Palmer, alias „Chucks", über das alte Jamaika. Der geheimnisvolle Frank Whitman nimmt seinen Bruder, den Schauspieler Jack Adams, im Museum gefangen, sperrt ihn in eine Ecke, aus der es kein Entkommen gibt, und verrät ihm die schrecklichsten Geheimnisse. Ned Wilkings – einer der besten Reporter der Stadt – erzählt John Young die letzte „lustige Sache", während Joe Bradley, der Herausgeber der Mail, mit Jim McKinney anstößt. Inzwischen sind die beiden Kellner, Handiboe und Abbott, höchst geschäftig unterwegs, bringen die Spirituosen und räumen die schmutzigen Gläser weg, aus denen sie geschickt ab und zu ein paar Tropfen zu ihrer körperlichen Erfrischung zu kippen versuchen. Als Beispiel für die „niedrigen Zwecke", zu denen Genies „schließlich gelangen" können, möchte ich anführen, dass Handiboe , den wir jetzt in einer so untergeordneten Position vorfinden, einst eine recht literarische Persönlichkeit war; während der arme Abbott, dem ich jetzt ein paar Münzen für wohltätige Zwecke zuwerfe, Schriftsetzer war. Der Rest der Gesellschaft besteht aus Pete Cunningham, Sam Glenn, Bill Dimond , Jim Brand, Bill Donaldson, Dan Townsend, Jack Weaver, Cal Smith und einer Menge anderer, an die sich selbst der Teufel nicht erinnern könnte.

So war der „Onkel und Neffe Club", dessen prominentes Mitglied ich zu sein die Ehre hatte. Fast jeder der Mitglieder war ein Witzbold, ein Wortspiel- oder Humorist irgendeiner Art; und ich wage zu behaupten, dass, wenn sich ein fleißiger Mensch die Mühe gemacht hätte, die Hälfte der guten Dinge, die bei unseren Treffen gesagt wurden, aufzubewahren und zu veröffentlichen, ein großes Werk entstehen könnte, das kein verachtenswertes Beispiel für Genie wäre. Wann immer ein Mitglied die Dreistigkeit besaß, ein schockierendes schlechtes Wortspiel zu machen — und solche Ungeheuerlichkeiten kamen häufig vor — wurde der Täter zu einer lächerlichen Strafe verurteilt; und es herrschte immer äußerste gute Laune und Heiterkeit.

Ich werde jetzt ein ziemlich amüsantes Abenteuer erzählen, an dem ich mit anderen „Onkeln und Neffen" teilgenommen habe.

Eines Abends versammelten wir uns wie üblich in unserem Hauptquartier. Am nächsten Tag sollte der vierte Juli beginnen, und wir beschlossen, uns ein wenig zu amüsieren. Daher wurden ein paar kräftige Boten, die mit der nötigen Autorität und den Schlüsseln ausgestattet waren, ins Theater geschickt , und sie kehrten bald mit Kleidern aus der Garderobe zurück. Diese Kleidungsstücke zog die Gruppe an, und wir verwandelten uns schnell in eine so malerisch aussehende Menge wie jede andere, die jemals bei einem Maskenball aufgetreten ist. Ich selbst gab eine sehr passable Darstellung von Falstaff ab, während Richard, Othello, Macbeth, Hamlet, Shylock und andere Herren aus Shakespeares Schöpfung für Abwechslung in der Prozession sorgten. Dann gab es einen Clown in vollem Zirkuskostüm, begleitet von Harlekin in seinem glitzernden Figurkleid. Wir sehnten uns schmerzlich nach einer munteren Columbine, aber dann trösteten wir uns mit Pantaloon , bewundernswert dargestellt von P. Jones.

Unsere „Musik" bestand aus einer Basstrommel, die vom Clown gequält wurde, einem Fischhorn, auf dem Sam Palmer wunderbar spielte, und einer Essensglocke, deren Lärm Jack Adams hervorrief. Nachdem wir die Prozession auf dem Bürgersteig aufgestellt hatten, begann die Musik und wir marschierten los.

Unser erster Halt war die Kneipe von Peter Brigham am Anfang der Hanover Street . Hier gingen wir hinein, und unser außergewöhnliches Erscheinen sorgte für große Aufregung. Bald versammelte sich ein Mob vor der Tür, angezogen von unseren grotesken Kostümen und dem höllischen Lärm unserer „Musikinstrumente", auf denen wir mit unverminderter Energie weiterspielten. Peter Brigham litt große Schmerzen und rannte in der Kneipe umher wie eine verrückte Fliege in einem Teerfass. Die verängstigten Kellner verließen ihre Posten und flohen. Der Mob draußen jubelte lautstark, und Harlequin begann, den armen Pantaloon zur großen Belustigung der Zuschauer mit seiner vergoldeten Latte zu bearbeiten.

Schließlich bestieg Peter Brigham einen Stuhl und sagte:

"Meine Herren, hören Sie mich an? (Heiseres Knurren der großen Trommel.) Ich kann diesen Lärm und dieses Getöse in meinem Haus nicht dulden. (Trotzendes Gebrüll aus dem Fischhorn.) Sie wissen, dass ich immer versucht habe, ein anständiges und respektables Haus zu führen. (Sarkastisches Gelächter aus der Essensglocke.) Ich habe Ihnen einen Vorschlag zu machen. – (Hören Sie! Hören Sie!) Wenn Sie versprechen, das Haus ruhig zu verlassen, lade ich Sie alle zu so viel Champagner ein, wie Sie trinken können." (Zustimmungsgeschrei aus der großen Trommel, dem Fischhorn und der Essensglocke! Große Aufregung im Allgemeinen.)

Der Wein wurde serviert, und die Leichtigkeit, mit der er serviert wurde, ließ Mr. Brigham staunen. Er ertrug seinen Konsum jedoch mit der größten philosophischen Stärke, bis wir anfingen, Toasts auszubringen, Reden zu halten und andere Anzeichen dafür zu zeigen, dass wir die Absicht hatten, „noch eine Weile zu verweilen". Peter erinnerte uns dann an unser Versprechen, und als Ehrenmänner erfüllten wir dasselbe, indem wir uns sofort in eine Prozession einreihten und aus dem Wirtshaus marschierten. Wir gingen die Hanover Street hinunter, gefolgt von der bewundernden und johlenden Menge. Wir betraten das Lokal von Theodore Johnson und wurden gastfreundlich von dem Prinzen der guten Kerle empfangen, der, unterstützt von Chris Anderson, „die Ehre erwies" und äußerst großzügig war. Sam Palmer und P. Jones beehrten die Gesellschaft hier mit einem Breitschwertkampf, wonach ich als Falstaff einige Rezitationen vortrug – die Vorstellung endete mit Abbott als *Jocks* , dem brasilianischen Affen. Unser nächster Besuch galt dem Pemberton House, das damals unter der Leitung von Uriah W. Carr stand, einem sowohl körperlich als auch geistig sehr kleinen Mann. Uriah empfing uns sehr ruppig und lehnte es kategorisch ab, die Gastfreundschaft der Saison zu „erweisen". Er war besonders übellaunig über mich, weil ich einmal einige Verse über ihn geschrieben und veröffentlicht hatte. Das Folgende ist alles, woran ich mich von dieser interessanten Produktion erinnern kann:

„Das ist komisch, wirklich Ihm zuzusehen, wie er einen Schlag mixt – Er gibt zwei Tropfen Alkohol hinein, Und dann beäugt er das *Mittagessen* ; trällert höchst pompös, Dann steht man vor dem Feuer, Wie ein kleiner Zwerghahn, Dieser komische Uriah!"

Da Uriah sich weigerte, den „Busch" um keinen Preis und keine Liebe herbeizuschaffen, beschlossen wir, uns selbst zu helfen. Daher ernannte sich jeder Mann zum Barkeeper *pro tempore* . Weine, Spirituosen und Zigarren wurden mit erstaunlicher Schnelligkeit ausgegeben, und der arme kleine Uriah tanzte herum und raufte sich in seiner Seelenpein die Haare. Inzwischen gesellten sich eine große Anzahl von Schauspielern und anderen, die im Pemberton wohnten, zu uns. Sie wurden von Charles Dibden Pitt hereingeführt, einem Künstler von großer Eleganz und Kraft, der damals ein brillantes Starengagement spielte – im Museum. Dieser Gentleman ist eindeutig „einer von den Jungs" und will „sich amüsieren". Auf seinen Vorschlag hin wurde ein Komitee ernannt, das in die Küche hinabsteigen und Proviant herbeischaffen sollte. Ned Abbot und Bill Ball erfüllten diese Aufgabe auf bewundernswerteste und zufriedenstellendste Weise. Sie brachen in die unteren Regionen auf und kehrten bald mit Hauptspeisen und Delikatessen beladen zurück. Was für ein Fest! – oder vielmehr, was für ein Bankett! Champagner floss in Strömen, denn wir hatten eine Kammer voller Körbe mit dem schäumenden Getränk entdeckt. Die ganze Gesellschaft befand sich natürlich bald in einem Zustand herrlicher Erhabenheit. Gesang und Scherz gingen unaufhörlich umher, und fröhliches Gelächter ertönte wie fröhliche Elfen durch die Mitternachtsluft. Wir waren in ausgezeichneter Stimmung und nahmen das Gebet des Folgenden an, der sagte:

„Oh, lass uns heute Nacht lange verweilen, Und scheidet nicht , solange Witz und Gesang heiter sind; Und, Josua, lass die Sonne stillstehen, Damit wir uns an Freude sattsehen können!"

Es gab einen Herrn, der sich weigerte, an den Festlichkeiten teilzunehmen . Es war der kleine Uriah, der Wirt, der den Verlauf des Banketts mit besorgter Miene verfolgte. Aus Angst, Mr. Pitt und andere angesehene Gäste zu beleidigen, wagte er jedoch nicht, öffentlich Einspruch zu erheben.

Unglücklicherweise für die Harmonie des Festes kam eine Gruppe betrunkener Studenten aus Cambridge herein, und ich sah sofort, dass ein Streit unvermeidlich war. Nachdem sie sich kurzerhand etwas zu trinken gegeben hatten, blickten die Studenten unsere seltsam aussehende Gesellschaft hochmütig an, und einer von ihnen bemerkte höhnisch:

„Was sind das für Narren, die sich so absurd verkleidet haben? Oh, das müssen Affen sein , das Eigentum irgendeines geschäftstüchtigen Leierkastenmannes. Lasst sie vor mir tanzen, denn meine Seele ist schwer und ich wäre fröhlich!"

Hier wurde der kleine Billy Eaton, der Schriftsteller, der zu uns gehörte, wütend und bot bereitwillig an, den Mann mit der schweren Seele für die lächerliche Summe von einem Cent zu bekämpfen und zu schlagen. Dieses großzügige Angebot wurde angenommen; doch bevor sich die Herren für den Kampf ausziehen konnten, kam es zu einem allgemeinen Zusammenstoß zwischen allen verfeindeten Parteien. Stühle wurden geschwungen, Stöcke geschwenkt und Karaffen geschleudert, wobei Spiegel und andere zerbrechliche Gegenstände zerstört wurden. Die Bar wurde umgeworfen und der Kampflärm war schrecklich anzuhören. Trotz des Aufruhrs und der Verwirrung, die herrschten, konnte ich nicht umhin, den armen Uriah zu bemerken, der in der schwach beleuchteten Halle ruhig eine verrückte Polka tanzte und seine Bewegungen mit leisen Geheulen der

Verzweiflung begleitete. Der kleine Mann hatte vorübergehend seinen Verstand verloren , das war offensichtlich. Der Kampf tobte mit unverminderter Wut. Unser Clown griff einen Studenten mit seiner Basstrommel an, deren eines Ende eindrang und den Vertreter der Lehranstalt gefangen hielt, der sich aus seiner musikalischen Zwangslage nicht befreien konnte. Sam Palmer vollbrachte mit seinem Fischhorn eine gewaltige Leistung, während Jack Adams mit seiner Essensglocke, die bei jedem Schlag einen Warnton erklang, ebenso erfolgreich war. Der heldenhafte P. Jones vollbrachte Wundertaten der Tapferkeit und bedeckte sich mit Ruhm. Dieser wunderbare junge Mann, der sich hinter einem Wall aus Stühlen aufgestellt hatte, begab sich in die Position eines boxenden Frosches und forderte seine Feinde kühn heraus, „herzukommen und sich schlagen zu lassen". Zu Beginn des Kampfes rollte sich Abbott unter dem Tisch zusammen und wurde nicht mehr gesehen, während Handiboe ins Kohlenloch floh , um sich in Sicherheit zu bringen . Der Kampf war auf seinem Höhepunkt, und der Vogel des Sieges schien im Begriff zu sein, sich auf dem Banner der „Onkel und Neffen" niederzulassen, als ein rücksichtsloser, hartgesottener Mensch das Gas abstellte und so völlige Dunkelheit erzeugte. Dies machte die Sache zehnmal schlimmer als je zuvor, denn es war unmöglich, Freund von Feind zu unterscheiden. Plötzlich stürmte eine Gruppe von Wächtern herein, angeführt vom berühmten Marschall Tukey, und sie trugen Fackeln. Viele der Kämpfer wurden verhaftet, und nur wenigen gelang die Flucht. Ich hatte die Ehre, zu den Unglücklichen zu gehören, und verbrachte mit meinen Gefährten die Nacht in schrecklicher Haft. Am Morgen, als das Tageslicht schwach in unseren düsteren Kerker drang, bot sich ein seltsames Schauspiel! In jeder nur denkbaren malerischen Haltung lagen etwa zwanzig Männer auf dem Boden, die meisten von ihnen in schmutzigen und zerrissenen Theaterkleidern. Diese unglücklichen Individuen boten einen höchst traurigen Anblick, da viele von ihnen blaue Augen, gequetschte Nasen und zerschundene Gesichter hatten.

„Wir haben uns verdammt noch mal zum Narren gehalten", sagte Macbeth, dessen Augen stark verfärbt waren.

„Ja", stöhnte Othello, dessen schwarze Augen nur teilweise von der gelben Farbe verdeckt waren, die er sich ins Gesicht geschmiert hatte – „und hier sind wir im Krug, wo wir den ganzen Tag bleiben müssen und den ganzen Spaß des 4. Juli verpassen."

"Das ist noch nicht das Schlimmste", seufzte Hamlet, dessen königliches Frontispiz schwer beschädigt war. "Ich stehe auf dem Programm, um heute Nachmittag zweimal und heute Abend einmal aufzutreten, und meine Abwesenheit wird dazu führen, dass ich meine *Spielberechtigung verliere* , wenn nicht sogar entlassen werde. Verdammt seien diese Collegestudenten! Was zum Teufel ist aus ihnen geworden? Ich schätze, sie sind alle ungeschoren davongekommen."

„Nein", sagte ich, „sie sind in einem anderen Raum. Natürlich würden die Beamten sie nicht zu uns bringen, denn das würde eine Wiederaufnahme der Kämpfe begünstigen."

„Mein Kopf schmerzt fürchterlich", bemerkte Richard, Herzog von Gloster – „für einen Drink würde ich mein Königreich hergeben!"

„Und ich", bemerkte Shylock, „hätte gern ein Pfund Fleisch, und sei es ein Beefsteak, denn ich bin fast verhungert."

„Hah! Was für ein Schwein!", knurrte Kardinal Richelieu, dessen eine Gesichtshälfte ganz furchtbar „eingefallen" war – „ zu so einer Zeit ans *Essen zu denken!*"

„Hört", sagte Claude Melnott , dessen hübsches Gesicht völlig entstellt war und der aussah, als sei er gerade ziemlich mitgenommen aus dem Krieg zurückgekehrt. „Hört! Hört ihr nicht den Lärm der Artillerie und der Musik? Die Zeremonien und Festlichkeiten des glorreichen Tages haben begonnen. Wollte der Himmel, ich wäre mit Pauline in unserem Palast am Comer See!"

„Halt den Mund, du Narr!", rief der alte und ehrwürdige König Lear wütend, dessen Nasenorgan Anzeichen einer heftigen Prellung aufwies. „Ich habe die ganze Nacht kein Auge zugetan, und jetzt hältst du mich mit deinem teuflischen Geplapper wach. Halt den Mund, sage ich!"

"Oh, halt den Mund, verdammt noch mal !", sagte P. Jones. "Wie kann ein Mann den Mund halten, wenn er daran denkt, wie viel *Geld* er verliert, wenn er hier eingesperrt ist? Rube Meer, ist das nicht zu schlimm?"

„Schlimmer als damals, als ich mit Jim Morse zum Angeln ging", stöhnte der arme Rube, während er in seiner Tasche nach einem Streichholz kramte, mit dem er seine Pfeife anzünden konnte. „Hat irgendjemand ein Seil, mit dem man sich erhängen könnte?"

„Ich sage, Jack Adams", sagte Sam Palmer, der als Don Caesar de Bezàs verkleidet war , „was werden Harry Smith und der alte Kimball sagen, wenn wir heute, am geschäftigsten Tag des ganzen Jahres, nicht auftauchen?"

"Das ist mir egal", antwortete Jack und drückte das Porträt seiner Katy liebevoll an seine Lippen, "solange mir dieser gesegnete Trost bleibt, kann die Welt ihr Schlimmstes tun! Stirnrunzeln, ihr Unglücksraben! Ich trotze euch allen , solange mir meine Katy Darling treu bleibt!"

"Das ist es!", rief der kühne Dick Brown, der als Platzanweiser am Nationaltheater fungierte. "Lasst uns das Lied von Katy Darling spielen und alle stimmen in den Refrain ein."

Dies geschah, und aus den Tiefen des düsteren Verlieses drangen mit Donnerschlägen die Worte hervor :

„Haben sie dir gesagt, dass ich falsch bin, Katy Darling?"

Plötzlich wurde zu unserer großen Freude die schwere Eisentür des Kerkers aufgeschlossen und aufgestoßen, und ein Offizier verkündete, er habe den Befehl, uns alle freizulassen, vorausgesetzt, wir würden uns verpflichten, den Vermieter des Pemberton House für den Schaden zu entschädigen, den er erlitten hatte. Dem stimmten wir natürlich zu, wobei davon ausgegangen wurde, dass die Studenten gezwungen werden sollten, die Hälfte des Betrags zu zahlen, was sicherlich nicht mehr als angemessen war, da sie die Hälfte des Schadens angerichtet und den Streit überhaupt erst ausgelöst hatten. Nachdem der Vermieter ausreichende Sicherheiten erhalten hatte, um seinen Schaden zu decken, wurden wir alle zu unserer größten Freude freigelassen, denn wir hatten damit gerechnet, den ganzen herrlichen Tag über eingesperrt zu sein.

Wir verließen das Haus der Knechtschaft und als wir durch die bereits überfüllten Straßen gingen, zogen unsere phantastischen Kleider und unser merkwürdiges Aussehen im Allgemeinen einen Mob an, der uns am helllichten Tag ziemlich lästig war. Wir erreichten jedoch bald das Theater und nahmen unsere eigenen Kleidungen wieder an.

Auf dem Programm des Theaters wurde angekündigt, dass ein bestimmter Schauspieler an diesem Abend ein Originalgedicht zum 4. Juli vortragen würde. Ich hatte mich verpflichtet, dieses Gedicht zu schreiben, aber ich hatte noch keine einzige Zeile zu Papier gebracht. Der Schauspieler war in einer schrecklichen Zwickmühle und schwor, dass er sich beim Publikum unbeliebt machen und für immer ruinieren würde, wenn er das Gedicht nicht wie angekündigt vortragen würde. Ich sagte ihm, er solle ruhig bleiben und in zwei Stunden wiederkommen, setzte mich an meinen Schreibtisch und schrieb ein ziemlich langes Gedicht. Meine Feder raste wie ein Blitz, Worte und Ideen strömten in überwältigender Menge auf mich ein, und in einer Dreiviertelstunde war meine Arbeit getan! Ich ließ den Schauspieler kommen, der erstaunt war über die kurze Zeit, in der ich die Aufgabe erledigt hatte. Nachdem er mich das Gedicht vortragen gehört hatte, erklärte er, er sei entzückt davon; und mit aller gebotenen Bescheidenheit und Bescheidenheit muss ich sagen, dass die Inszenierung tatsächlich beträchtlichen Wert besaß. Ich hatte die üblichen stereotypen Anspielungen auf das „Sternenbanner", den „ Amerikanischen Adler", das „Blut unserer Vorväter" usw. vermieden und mich hauptsächlich auf das erhabene moralische Schauspiel konzentriert, das ein unterdrücktes Volk bietet, das sich in seiner ganzen Kraft erhebt, um das Joch der Knechtschaft abzuschütteln und seine Unabhängigkeit als Nation zu behaupten. Der

Schauspieler lernte das Gedicht bald auswendig, und nachdem er es mir vorgetragen hatte und feststellte, dass er es perfekt beherrschte, verließ er den Raum. An diesem Abend rezitierte er es von der Bühne aus vor einem dichten Publikum, und während der Aufführung und am Ende hatte ich die Genugtuung, der köstlichsten Musik zu lauschen, die die Ohren eines Autors je kennen können, dem Klatschen von Händen und ohrenbetäubendem Applaus.

# ABSCHLUSS

## *Meine Abschiedsverbeugung.*

Seit dem Datum der letzten geschilderten Ereignisse sind mehrere Jahre vergangen. Diese Jahre waren voll von Abenteuern, die genauso außergewöhnlich waren wie die, die ich bereits geschildert habe. Aber leider erlauben weder Zeit noch Raum es mir derzeit, sie der Öffentlichkeit mitzuteilen. Vielleicht kann ich diesen Mangel zu einem späteren Zeitpunkt nachholen, wenn ich am Leben bleibe.

Der Leser kann sich auf eines verlassen: *Auf diesen Seiten ist kein einziges Wort erfunden oder übertrieben* . Warum sollte ich mich in die Welt der Romantik vertiefen, wenn mir mehr verblüffende Fakten zur Verfügung stehen, als ich jemals nutzen könnte? Ist die Wahrheit nicht seltsamer als die Fiktion? Die tägliche Erfahrung beweist, dass dies der Fall ist.

Ich kann diese Seiten nicht schließen, ohne die Gelegenheit zu nutzen, mehreren Herren, von denen ich Höflichkeiten und freundliche Taten erfahren habe, auf diese öffentliche Weise meinen Dank auszusprechen. In erster Linie ist da Jerry Etheridge, ein Mann mit großem politischen Einfluss und historischer Bildung. Diesem angesehenen Herrn verdanke ich eine Großzügigkeit, die mich aus einer ernsten Verlegenheit gerettet hat. Ich bin nicht der einzige Empfänger seiner Wohltätigkeit, denn ich kenne viele andere, die sich in Zeiten der Not an ihn gewandt haben und die ihn verlassen haben, ermutigt durch seine aufmunternden Worte und erleichtert durch seine Großzügigkeit. Er ist einer jener wahren Philanthropen, die ihre guten Taten gegenüber anderen nie öffentlich machen. Ich bin der Meinung, dass, wenn ein Mann sich mit einem anderen anfreundet und dann davon erzählt, alle Verpflichtungen zwischen den Parteien aufhören und demjenigen, der die Wohltat gewährt, keine Dankbarkeit gebührt, die er vielleicht nur mit Absicht gewährt, um sich den Ruf aufrichtiger Wohltätigkeit zu erwerben, und nicht aus besonderem Wohlwollen gegenüber dem anderen. Ich bin auch Herrn WR GOODALL zu Dank verpflichtet, dem vielversprechenden jungen amerikanischen Schauspieler, der eines Tages, so prophezeie ich, eine sehr hohe Position in dem Beruf einnehmen wird, den er gewählt hat und für den er besonders qualifiziert ist. Wer, der jemals seine berühmten Imitationen als Jeremiah Clip gehört hat, würde zögern zuzugeben, dass er ein junger Mann mit außerordentlichem Talent ist? NED SANDFORD und JIM LANERGAN, die beide gerade, während ich dies schreibe, im Broadway Theatre spielen, danke ich aufrichtig für die erhaltenen Gefälligkeiten und vertraue darauf, dass sie mir diese öffentliche Anspielung auf sie verzeihen werden. Schließlich möchte ich jedem, der mich aus uneigennützigen Motiven freundlich und rücksichtsvoll behandelt hat, sagen: Freunde, eure Güte wird niemals vergessen werden, solange ihr lebt.

Ich habe viele erbitterte Feinde, und ich nehme an, sie werden mir weiterhin wie Köter nachstellen. Ihre erbärmlichen Versuche, mir wehzutun, werden sich nur gegen sie selbst richten. Ich stehe über ihrer Bösartigkeit und werde meinen eigenen, unabhängigen Weg verfolgen, ohne Rücksicht auf ihre Wut.

Fast ein Jahr ist nun vergangen, seit ich Boston verlassen habe – einen Ort, an den ich mit einer gewissen Zuneigung zurückdenke; denn trotz aller Fehler gefällt er mir immer noch.

Es ist möglich, dass ich in Zukunft weiterhin Geschichten zur Unterhaltung der Öffentlichkeit schreibe. Sollte ich mich dazu entschließen, weiterhin als Schriftsteller tätig zu sein, werde ich mich wie bisher immer bemühen, interessante, spannende und auf Wahrheit beruhende Texte zu verfassen, die aus moralischer Sicht vollkommen unbedenklich sind. Anders als viele sogenannte Schriftsteller, die eine Menge Schund abladen und sich nicht darum kümmern, wie viel Platz sie damit füllen, bin ich immer bereit, Zeit und Mühe in meine Arbeit zu investieren, um meiner eigenen Glaubwürdigkeit willen, um einen schnellen und umfassenden Verkauf des Buches sicherzustellen – und um die Öffentlichkeit vollkommen zufriedenzustellen.

Leser, leb wohl! Wir werden uns vielleicht nie wiedersehen; aber ich danke dir, dass du mich von Anfang an bis

## DAS ENDE

www.ingramcontent.com/pod-product-compliance
Lightning Source LLC
LaVergne TN
LVHW091203180726
843490LV00007B/2551